Helga Föger

Mond Wellness

Zeichenerklärung

Neumond
Zunehmender Mond
Vollmond
Abnehmender Mond

Widder
Stier
Zwillinge
Krebs
Löwe
Jungfrau
Waage
Skorpion
Schütze
Steinbock
Wassermann
Fische

Feuertrigone
Erdtrigone
Lufttrigone
Wassertrigone

Mondtabellen im Anhang

Die Uhrzeit vor dem Zeichen bedeutet:
Der Mond tritt zu diesem Zeitpunkt in das abgebildete Tierkreiszeichen ein.

Die Uhrzeit hinter dem Zeichen bedeutet:
Der Mond tritt zu diesem Zeitpunkt in das darauf folgende Tierkreiszeichen ein.

Helga Föger

Mond Wellness

Wohlgefühl im Einklang mit dem Mondrhythmus

HEYNE
LUDWIG

Inhalt

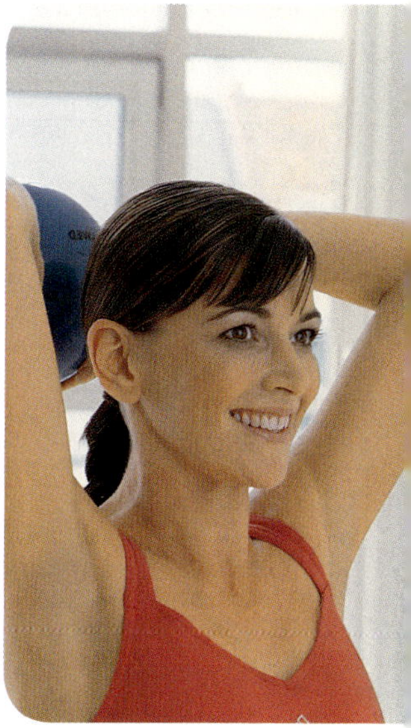

Liebe Leserin, lieber Leser!

Ständig steht man unter Zeitdruck und hetzt in der Gegend herum. Wer kennt das nicht? Morgens muss man noch eiligst den Bus zur Arbeit bekommen. Oder man schafft es zwischen dem Abholen der Kinder aus der Schule und einem Arzttermin gerade noch, schnell ein Mittagessen zu kochen, das man dann auch noch hastig hinunterschlingt. Oder aber man steckt gerade im Prüfungsstress, sitzt tagelang am Schreibtisch, hat kaum Bewegung und noch weniger Nerven. Oder ...

Stress und Wellness

Wir haben alle Stress – egal ob wir in Wien, Berlin oder München leben, in einer Großstadt oder in der so genannten Provinz. Ja, auch schon im idyllischen Waldviertel oder im gemütlichen Schwabenländle gehen die Uhren anders, nämlich schneller. Tag für Tag, Abend für Abend fühlt man sich schier erschlagen. Und wenn man eigentlich etwas dagegen tun will, fehlt einem schon wieder die Zeit. Also wird in aller Regel eine intensivere Entspannung, um sich körperlich wie seelisch wieder besser zu fühlen, auf den Urlaub verschoben.
Nicht umsonst ist die Wellnesssparte der florierendste Bereich der Tourismusbranche. In Österreich und Deutschland zusammen gibt es ca. 2500 Stätten, die sich mehr oder weniger professionell auf diese Ausrichtung konzentrieren – von einfachen Hotels bis zu spezialisierten Kurhäusern. Allein in Deutschland werden zurzeit jährlich etwa 70 Milliarden Euro nur für Wellness ausgegeben – vom einfachen Shampoo bis zum ausgedehnten Erholungsurlaub.
Aber auch in diesem Fall ist leider nicht alles Gold, was glänzt. Viele Wässerchen für dies oder jenes haben leider nur einen Plazeboeffekt. Und viele interessant klingende Anwendungen bringen leider nur eines – nämlich dem, der sie anbietet, mehr Umsatz.

1000 Trends – aber nur eine Natur

Was hätten Sie denn gern, um sich wieder wohler zu fühlen? Vielleicht eine asiatische Klangschalentherapie oder lieber eine Gleitwellenmassage? Eine Rosenblätter- bzw. Traubentresterbehandlung oder eher eine hawaiische Lomi-Lomi-Massage? Ist Ihnen das alles etwas zu exotisch? Mir auch! Denn warum in die »Ferne« schweifen, wenn das Gute für Körper und Seele doch so nahe liegt!
Es gibt zwar unzählige Anwendungstrends, um mehr Wohlgefühl zu erreichen, aber es gibt nur eine Natur, die auf alle Menschen gleich wirkt. Und der Mond ist einer der wichtigsten »Protagonisten« dieser Natur. Wer sein Bewusstsein für den Rhythmus des Mondes schärft, d.h., wer bei seiner Lebensgestaltung auch auf die unterstützenden oder hemmenden Kräfte der Natur achtet, erreicht auch ohne finanziellen Aufwand und ohne Wundermittel mehr Lebens-

qualität. Dieses Buch bietet eine Gesamtdarstellung diesbezüglicher Erkenntnisse und Methoden, die dazu beitragen können, mehr körperliches und seelisches Wohlbefinden zu erlangen. Und zwar jeden Tag – und nicht erst im Urlaub!

Der Mond, unser treuer Begleiter

Seit Jahrtausenden wissen die Menschen, dass der Mond nicht nur auf die Pflanzenwelt, sondern auch auf den Körper und die Seele des Menschen seinen Einfluss ausübt. Je nach Phase und Stand im Tierkreis bedingt der Mond nämlich wichtige organische Rhythmen mit, die sowohl für körperliche sowie seelische Entwicklung und Gesundheit als auch für besondere Belastungen und Krankheiten bedeutend sind.
Bereits in der Antike und später im Mittelalter wurden daraus einfache Verhaltensregeln abgeleitet, die man sich in der damaligen Naturmedizin zunutze machte. Aber auch die heutige, mitunter sehr skeptische Schulmedizin und auch andere naturwissenschaftliche Bereiche kommen an diesen Erkenntnissen nicht mehr völlig vorbei, weil längst noch nicht alles, aber doch schon einiges bewiesen ist. So beziehen mittlerweile nicht nur zunehmend Homöopathen und Heilpraktiker das Wissen von den unterschiedlichen Mondeinflüssen in ihre Therapien mit ein, sondern auch immer mehr Ärzte.

Was bedeutet »Mond Wellness«?

Durch Vermittlung dieses Mondwissens möchte ich Sie dabei unterstützen, selbst für mehr und nachhaltigeres körperliches sowie seelisches Wohlgefühl zu sorgen. Tag für Tag, ohne großen Aufwand – einfach nur, indem Sie mehr auf ganz natürliche Einflüsse achten und diese zu Ihren Gunsten einsetzen.
Ganz besonders wichtig dabei ist, dass Sie sich selbst besser kennen lernen. Dass Sie sensibel auf die Botschaften von Körper und Seele hören, die Ihnen durchaus mitteilen, was sie brauchen und was man ihnen ersparen sollte. Wenn Sie das schaffen, sind Sie fähig zu einem harmonischeren Leben im Rhythmus der Natur. Und das sorgt für mehr Gesundheit und Wohlbefinden.
Ich wünsche es Ihnen von Herzen!

Ihre *Helga Föger*

Der Mond und der menschliche Körper

Dem Mond, kleiner und längst nicht so strahlend wie die Sonne, wurde in früheren Kulturen keine geringere Aufmerksamkeit zuteil als dem Wärme spendenden Tagesgestirn. Es muss wohl die große Wandlungsfähigkeit des nächtlichen Erdbegleiters, seine regelmäßig wechselnde Gestalt sein, die ihn immer wieder in den Mittelpunkt kultischer Rituale gestellt hat. Und vor allem auch seine Kraft, die er auf Mensch sowie Natur ausübt und die in längst vergangenen Zeiten allen noch bewusster war als heute.

Bereits die ältesten Funde zeugen von dieser Bedeutung des Mondes. So fand man vor einigen Jahren Gerätschaften aus Elfenbein, die etwa 40.000 Jahre vor unserer Zeitrechnung entstanden sind – darunter auch einen in den Knochen geritzten Mondkalender. Man kann davon ausgehen, dass die Mondzyklen über Jahrtausende hinweg die Grundlage für kalendarische Berechnungen der allermeisten Zivilisationen bildeten. Im Zusammenhang mit der Zeitrechnung nach dem Mond stehen beispielsweise auch der ägyptische Mondgott Thot und der griechische Gott Hermes. Darüber hinaus gilt heute noch der Mondkalender in einigen arabischen und asiatischen Kulturen (z. B. in China).

Auch die überwiegende Mehrzahl megalithischer Kultstätten (wie etwa das berühmte Stonehenge) sind nach den Umlaufbahnen des Mondes angelegt.

So feiern auch heute noch die Chinesinnen am ersten Vollmondtag nach dem Herbstanfang ein großes Mondfest, das auf eine uralte chinesische Legende zurückgeht und der Mondgöttin Heng-gno gewidmet ist.

Mythos und erste Denkmodelle

Neben dem Modellcharakter für die Berechnung der Zeit hatte der Mond seit jeher noch ganz andere Bedeutungen für die Menschen.

In der Mythologie der indischen Brahmanen gilt der Mond immer noch als Zufluchtsort für die Seelen der Verstorbenen, die dort ihre Ruhe finden. Das ist einer der Gründe, warum man dem Mond auch solch große Wirkung auf die seelische Verfassung der Lebenden zuspricht.

Mondrhythmus und Fruchtbarkeit

Ebenfalls schon früh wurde der Mond in Verbindung mit dem Werden und Wachsen in der Natur gebracht. Die Menschen waren fasziniert von der spürbaren Übereinstimmung der Mondrhythmen mit den Naturvorgängen. So glaubten die Bewohner des alten Mesopotamien fest daran, dass der Mond jene Wärme erzeugen würde, die das Wachstum der Feldpflanzen befördert. Sie verehrten den Mond als

Mondin, als mütterliche Göttin der Fruchtbarkeit im Ackerbau und entwickelten Anbaumethoden, die sich am Mondzyklus orientierten. Aber auch weil der Mondzyklus im engen Zusammenhang mit dem weiblichen Menstruationszyklus stand, wurde der Erdtrabant in vielen frühen Kulturen mit der Fruchtbarkeit und damit mit der Weiblichkeit assoziiert.

Mikrokosmos und Makrokosmos

Vor mehr als 2000 Jahren fand man dann weitere Zusammenhänge zwischen den Mondphasen und wichtigen biologischen Rhythmen, die für körperliche Entwicklung und Gesundheit einerseits, andererseits aber auch für besondere körperliche Belastungen und Krankheiten von Bedeutung sind.

Diese Darstellung des Tierkreiszeichenmenschen zeigt sehr deutlich die zwölf wesentlichen Körperregionen.

Besonders die Astrologie sammelte, systematisierte und verbreitete jene Kenntnisse von den Einflüssen der Himmelskörper auf das irdische Leben. Die Wissenschaft der Antike, auch die wissenschaftliche Heilkunde, gründete auf der Annahme, dass alles Geschehen auf der Erde nur ein Abbild des großen kosmischen Geschehens sei. Also würde das Wissen um den Ablauf der Himmelserscheinungen, in denen sich der göttliche Wille manifestiert, Rückschlüsse auf das Schicksal des Menschen erlauben. Dieser Gedanke der Entsprechung (Melothesie) von Mikrokosmos und Makrokosmos, von Mensch und All, durchzieht wie ein roter Faden alle Bereiche der Astrologie und damit auch die Astromedizin.

Jedes Wesen – alle Pflanzen, Tiere und auch Menschen – galt danach als »kleines Universum«, das sowohl als Ganzes wie auch in seinen Teilen von den kosmischen Kräften, den Planeten (zu denen man auch Mond und Sonne rechnete) und ihrer Stellung in den Zeichen des Tierkreises regiert wird.

Der Tierkreiszeichenmensch

Auch bereits sehr früh entstanden erste Modelle, bei denen die Organe bzw. Organsysteme des menschlichen Körpers ganz konkreten astronomischen bzw. astrologischen Einflusssphären zugeordnet werden. Am bekanntesten ist der so genannte Tierkreiszeichenmensch, bei dem von Kopf bis Fuß die zwölf Zeichen des Tierkreises – vom Widder beim Kopf bis zu

den Fischen bei den Füßen – die Regentschaft über die Organe ausüben.
Dieses Modell, das zunächst wieder in Vergessenheit geraten war, erlebte seine Renaissance im frühen Mittelalter und ist seitdem eine der grundlegenden Säulen astromedizinischer Studien und Anwendungen.

Mondphasen und Sympathiegesetz

Bei der Erforschung kosmischer Einflüsse auf den menschlichen Organismus, auf körperliches Wohlbefinden, Gesundheit und Krankheit, sowie bei der Entwicklung darauf beruhender Diagnose- und Heilverfahren wurde dem Mond von Anfang an eine besondere Bedeutung beigemessen. Das lag auch daran, dass dieser »Planet« der Erde am nächsten ist, dass man ihn mit bloßem Auge betrachten, seine Bahn verhältnismäßig leicht berechnen kann. Aber noch wichtiger dürfte die Tatsache gewesen sein, dass die von unserem Erdbegleiter ausgehenden Wirkungen für viele Menschen deutlich spürbar waren (und sind). Das hatte zur Folge, dass man bald bestimmte Wirkungen mit bestimmten Mondphasen bzw. -konstellationen in Zusammenhang brachte und daraus Gesetzmäßigkeiten ableitete, die besagen, dass eben ganz konkrete Mondsituationen ganz bestimmte Wirkungen auf das seelische und auch körperliche Befinden ausüben können – z. B. Schlafstörungen bei Vollmond oder ein erhöhtes Auftreten von Magenbeschwerden, wenn der Mond durch das Tierkreiszeichen Krebs wandert.
Eine der ersten Grundregeln für die Anwendung dieser Erkenntnisse auf die Heilkunde ist das so genannte Sympathiegesetz, das im Mittelalter zum festen Bestandteil der ärztlichen Kunst wurde. Dieses »Gesetz« ist folgendermaßen formuliert:
Was wachsen und gedeihen, gut und gesund werden sowie eine fruchtbare Weiterentwicklung erlangen soll, muss beim zunehmenden Mond bis zur Vollendung seiner Fülle begonnen und getan werden; denn was gleichzeitig mit dem Wachstum eines so großen Himmelslichtes geschieht, geht leicht vonstatten.
Was aber vergehen, schwinden, verdorren, aussterben und ausgerottet werden soll, also die Vernichtung alles Widrigen, Bösen und Ungesunden, hat beim abnehmenden Mond bis zu seinem völligen Verschwinden zu geschehen.
Diese klassische Erkenntnis, dass die Mondphasen ganz wesentlich auf das irdische Leben wirken, hat bis heute Bestand.

Mondstand und Hippokrates

Während die wechselnden Phasen des Mondes den Inhalt des Sympathiegesetzes bestimmen, bezieht sich eine andere Grundregel der Astromedizin auf die differenzierten Wirkungen, die vom Stand des Mondes im Tierkreis ausgehen. Sie nimmt also Bezug auf die schon angesprochene Zuordnung einzelner Organbereiche zu bestimmten Tierkreiszeichen (siehe Tierkreiszeichenmensch).
Als Erster formuliert hat diese Regel Hippokrates (460–377 v. Chr.), der sie vor allem auf chirurgische Eingriffe bezog: »Berühre nicht mit Eisen den Teil des Körpers, der von dem Tierkreiszeichen regiert wird, durch das der Mond zu dieser Zeit geht!«
Auch diese Regel ist heute so aktuell wie damals. Daher sollte man sie – wann immer es geht – berücksichtigen. Aber auch über den chirurgischen Bereich hinaus besitzt sie Bedeu-

tung. Sie zeigt nämlich, dass die Sensibilität gewisser Körperregionen auch abhängig ist vom Stand des Mondes im Tierkreis – und das mit entsprechenden Konsequenzen für unser Wohlbefinden.

Mond und neuere Wissenschaft

Die Astromedizin hat sich also über Jahrtausende entwickelt. Ihre Ursprünge liegen in den Anfängen der Menschheitsgeschichte, ihre bisherigen Blütezeiten in der Antike und im Mittelalter. Dazwischen und danach gab es immer wieder Perioden, in denen dieses Wissen in Vergessenheit geriet. Dies galt zumindest für die Gelehrten. Denn im Volk – vor allem auf dem Lande – wurde es angewendet und von Generation zu Generation weitergegeben. Aus diesen Quellen stammen auch die meisten Erfahrungen und die daraus gewonnenen Empfehlungen.
Obwohl eigentlich alle Menschen spüren, dass es Kräfte gibt, die jenseits unseres Alltagswissens walten, sind viele Vertreter der Forschung noch skeptisch und glauben nach wie vor nur das, was wissenschaftlich beweisbar ist. Doch die Zeiten ändern sich allmählich. Eine Reihe ernsthafter Wissenschaftler bekundet mittlerweile ihr Interesse an der Thematik. Denn eines ist sicher: Die Kräfte des Mondes kann jeder spüren. Sie wirken, auch wenn man noch nicht exakt belegen kann, wo ihre materiellen Ursachen liegen und auf welchem Wege sie übertragen werden. Es gibt aber eine Reihe interessanter Arbeitshypothesen und darauf aufbauender Experimente, die uns möglicherweise einer Erklärung der Phänomene schon bald näher bringen. Einige davon sollen kurz vorgestellt werden.

Mond und Gravitation

Kein Zweifel herrscht über die physikalisch eindeutig begründeten Einflüsse, die unser Erdbegleiter aufgrund der Gravitationskräfte innerhalb des Systems Sonne, Erde, Mond ausübt. Dazu gehören zweifellos die Gezeiten, der rhythmische Wechsel von Ebbe und Flut, die den Meeresspiegel in manchen Gebieten um mehrere Meter sinken bzw. steigen lassen. Sie werden im Wesentlichen durch die Anziehungskräfte des Mondes hervorgerufen. Ihre Höhe hängt von der Position des Mondes im Verhältnis zu Erde und Sonne ab – also von den Mondphasen (ab Seite 17).
Bei Neu- und Vollmond verstärkt die Sonne die Anziehungskräfte des Mondes; wenige Tage danach treten zur Flutzeit die höchsten Wasserstände und dementsprechend bei Ebbe auch die tiefsten Niedrigwasserstände auf. Man spricht von der Springzeit. Etwa 7,5 Tage später – wenn Halbmond ist – heben sich die Kräfte von Mond und Sonne teilweise auf; es kommt zu weit geringeren Hebungen und Senkungen der Wasserstände. Jetzt ist Nippzeit.

Die Gezeiten der Erdkruste

Doch der Mond setzt nicht nur riesige Wassermassen in Bewegung; seine Kräfte erzeugen auch Gezeiten in der Erdatmosphäre. Dabei wird der Luftdruck um bis zu 1,5 Millibar erhöht bzw. gesenkt. Sogar der feste Erdkörper erfährt durch die Gravitationswirkung eine Deformation, die in Äquatornähe etwa 0,5 Meter erreichen kann. Dieser Gezeiteneffekt wird allerdings meist durch Schollenverbiegungen innerhalb der Erdkruste kompensiert, die wiederum durch die gezeitenbedingte Verlagerung der Wassermassen, durch atmosphärische Druckschwankungen oder thermische Bodendeformationen verursacht sind.

Die Biologische Gezeitentheorie

Eine wissenschaftliche Richtung, vor allem vertreten durch Prof. Dr. Arnold L. Lieber von der Universität Miami, USA, besagt, dass diese offensichtlichen Kräfte nicht nur im Großen, sondern auch im Kleinen wirksam sein könnten. Diese so genannte Biologische Gezeitentheorie untersucht das Problem der Einflussnahme des Mondes auf die belebte irdische Natur von zwei Seiten. Zum einen wird der Versuch unternommen, die unmittelbare Schwerkraftanziehung des Mondes auf die lebendigen Mechanismen nachzuweisen. Zum anderen erforscht sie die mittelbaren Wirkungen des Mondes, die angeblich durch das elektromagnetische Feld der Erde aufgenommen und übertragen werden.

Lieber und seine Mitarbeiter gehen davon aus, dass man jedes natürliche Lebewesen – Pflanzen, Tiere, Menschen – als einen Mikrokosmos begreifen kann, der im Wesentlichen (und in vergleichbarer Proportion) aus denselben Elementen besteht wie die Erdoberfläche. Diese Auffassung steht im Einklang mit den bereits erwähnten uralten philosophischen Betrachtungsweisen, für die sich der Kosmos im Menschen widerspiegelt. Dazu Prof. Lieber: »Wir stoßen auf provozierende wissenschaftliche Parallelen zu historischen Feststellungen. Wie die Oberfläche der Erde besteht auch der Mensch zu etwa 80 Prozent aus Wasser und 20 Prozent aus Feststoffen. Ich glaube, dass die Anziehungskraft des Mondes im Verein mit anderen großen Kräften des Universums genauso einen Einfluss auf das Wasser im menschlichen Körper ausübt, wie sie es auf die Ozeane tut. Das Leben, so glaube ich, kennt eine vom Mond beherrschte biologische Ebbe und Flut. Bei Neu- und Vollmond herrscht Flut – und ist die Mondwirkung auf unser Verhalten am größten. Die biologische Flut wirkt als Stressauslöser, die aggressives Verhalten (beim Menschen) zwar nicht verursacht, aber sehr viel wahrscheinlicher macht.«

Bestätigung im Alltag

Prof. Lieber, der als Psychologe und Psychiater arbeitet, sammelte zunächst in seinem unmittelbaren Fachgebiet Beweismaterial für diese These. Dabei konnte er zweifelsfrei feststellen, dass vor allem bei Vollmond, aber auch bei Neumond, die Zahl aggressiver und durch starken Stresseinfluss verursachter Handlungen (Tötungsdelikte, Körperverletzungen, Selbstmorde, Unfälle, psychiatrische Notfälle) wirklich rapide anwächst.

Polizisten, Ärzte und Anwälte bestätigen dieses Ergebnis durchaus und wissen zu berichten, dass zu diesen »Mondzeiten« in den Polizeirevieren und Notfallambulanzen Alarmstimmung herrscht.

Elektromagnetisches Erdfeld und Gehirn

Nach der Theorie anderer US-Wisenschaftler gibt es einen Zusammenhang zwischen Mond und menschlichem Gehirn. Sie vertreten die Auffassung, dass der Mond nicht nur auf die Gezeiten, sondern vor allem auch auf das elektromagnetische Erdfeld einen sehr bedeutenden Einfluss ausübt. Da die Gehirntätigkeit durch winzige elektrische Ströme entsteht, erfassen diese Gehirnströme schätzungsweise auch die Schwankungen des natürlichen Magnetfeldes. Die sich dadurch ergebenden Gehirnstromschwankungen haben dann körperliche Leiden, wie Migräneanfälle, aber vor allem auch seelische Erregungszustände und Stressschübe zur Folge.

Bio- und Mondrhythmus

Diese Forschungen führten dann zu der Behauptung, dass alle fundamentalen Lebensfunktionen ein periodisches Muster aufweisen, das als biologischer Rhythmus bekannt ist. Das empirische Beweismaterial deutet auf einen monatlichen biologischen Rhythmus hin, der mit der Mondumlaufzeit – und damit mit den wechselnden Mondphasen – zusammenspielt. Diese Schlussfolgerung erscheint plausibel, ein Beweis ist sie nicht. Darauf weisen auch die Kritiker der Biologischen Gezeitentheorie hin, die einwenden, dass es bisher keinen physiologischen – also naturwissenschaftlich exakten – Nachweis für das Auftreten von Gezeitenwirkungen in lebenden Organismen gibt.

Mond und innere Uhr

Es gilt geradezu schon als Binsenweisheit, dass Leben ein rhythmischer Prozess ist. Einige dieser Naturrhythmen sind gut bekannt – sie stehen ganz offensichtlich im Zusammenhang mit dem Tag-Nacht-Rhythmus, der von der Sonne gesteuert wird. Sie bilden zusammen die so genannte innere Uhr der Lebewesen, gewissermaßen einen Taktgeber, der den Ablauf vieler Lebensvorgänge regelt. Aber – so die These einiger Forscher, die sich mit der Biologischen Gezeitentheorie auseinander setzen – auch die vom Mond ausgehenden Kräfte (z. B. der rhythmische Wechsel von Ebbe und Flut) steuern das Verhalten von Tieren und Pflanzen, wirken als Taktgeber der inneren Uhr, die jede Zelle eines jeden Lebewesens enthält. Dazu muss der Mond Signale aussenden, die von den lebenden Zellen empfangen und verarbeitet werden können. Einiges spricht durchaus dafür!

Signale des Mondes

In einem Experiment wurden Austern vom Meeresufer in ein Labor gebracht, das Hunderte Kilometer vom Meer entfernt lag. Dort wurden die Tiere in Meerwasserbehältern so untergebracht, dass eigentlich kein von außen kommendes Signal zu ihnen gelangen konnte. Es ist allgemein bekannt, dass Austern ihre Schale bei Flut öffnen. Doch in diesem Fall geschah Folgendes: Während der ersten Zeit öffneten die Austern ihre Schale jeweils dann, wenn in ihrem Herkunftsgebiet Flut herrschte. Sie setzten also ihren gewohnten Rhythmus fort. Doch schon nach wenigen Wochen änderte sich ihr Zeitempfinden. Jetzt öffneten sie ihre Schale, wenn der Mond in ihrer neuen Heimat im Zenit stand. Hätte dieser Ort am Meer gelegen, so hätte jetzt dort Flut geherrscht. Die Schlussfolgerung: Die Austern mussten die Signale, die ihren Zeittakt dermaßen beeinflussten, unmittelbar durch die Gravitationskraft des Mondes erhalten haben. Diese Kraft hatte die elektromagnetischen Felder verändert, die jeden lebenden Organismus umgeben. Die Austern spürten die Veränderung und passten sich ihr an, ein Teil ihres Nervensystems erhielt also Feldveränderungssignale.

Exakte Mondrhythmen sind beispielsweise in

den Reproduktionszyklen von Fischen nachgewiesen worden. Der kalifornische Ährenfisch bringt nur in Nächten unmittelbar nach Voll- und Neumond Nachkommenschaft hervor. Die europäischen Aale treten ihre Wanderschaft zu den Laichgründen nahezu alle gleichzeitig an, immer bei abnehmendem Mond.

Eigene Kraft oder Uhrzeiger?

Vorläufig bleibt die Frage noch ungeklärt, ob es stoffliche bzw. energetische Impulse sind, die vom Mond ausgehen und über die terrestrischen Elemente Erde, Wasser, Luft und Feuer auf das irdische Leben wirken, oder ob der Mond nur als Zeiger einer Uhr angesehen werden kann, die durch einen inneren Rhythmus der Natur in Gang gehalten wird.
Einige Wirkungen, wie die auf die Gezeiten, scheinen offensichtlich recht materieller Natur zu sein und lassen sich mit relativ einfachen biologischen bzw. physikalischen Gesetzmäßigkeiten erklären. Andere, wie z. B. die Einflüsse auf das Wachstum der Pflanzen oder auf den menschlichen Organismus, sind mit dem klassischen Instrumentarium der Naturwissenschaften noch nicht zu fassen.

Chronobiologische Erkenntnisse

Die so genannte Chronobiologie ist eine moderne Forschungsrichtung, die sich mit zeitlichen Abläufen und Rhythmen bei Menschen, Tieren und Pflanzen beschäftigt. Jüngste Erkenntnisse in diesem Bereich scheinen allerdings jene oben angedeutete Hypothese zu unterstützen, wonach die zwölf Zeichen des Tierkreises gewissermaßen das Zifferblatt einer Uhr darstellen, die der Mond als Zeiger durchmisst. Immer mehr Experimente und langfristige Beobachtungen bestätigen mit einiger Sicherheit: Allem Natürlichen wohnen bestimmte Rhythmen inne, die miteinander in Wechselwirkung stehen und die viele, wenn nicht alle Entwicklungs- und damit Lebensvorgänge beeinflussen.
Wenn das richtig ist, scheint es offensichtlich, dass alles, was in Übereinstimmung mit diesen Rhythmen geschieht, dem Leben und Wachsen förderlich ist und alles, was diese Rhythmen stört, der Entwicklung schadet.

Die Wichtigkeit eigener Erfahrungen

Ob wirkende Kraft, empfindlicher Anzeiger oder beides – Phasen und Stand des Mondes im Tierkreis sind von großer Bedeutung für alles Leben auf dieser Erde. Auch wenn diese Feststellung nach dem strengen Maßstab der Naturwissenschaften nicht als gesichertes Wissen gelten darf, beruht sie doch auf der Erfahrung, die in der Jahrtausende währenden Menschheitsgeschichte entstanden und gewachsen ist. Diese Erkenntnisse sollen weitergegeben werden, aber auch ausdrücklich zur kritischen Diskussion stehen. Alle, die dieses Buch lesen, sind daher aufgefordert, aus dem Gelesenen und Erprobten ihre ganz eigenen Erfahrungen zu gewinnen. Die folgenden Regeln und Ratschläge sollten keinesfalls als Dogmen, als strenge Richtschnur für das Denken und Handeln betrachtet werden. Sie mögen als Anregung dienen, um die natürlichen Rhythmen ein Stück weit mehr zu erkennen sowie Gefühl und Verstand für ein selbstbestimmtes Leben im Einklang mit der Natur zu schärfen. Das ist nämlich eine der wichtigsten Voraussetzungen für das körperliche Wohlbefinden.

Die Mondphasen und der Mondstand

Im Wesentlichen sind es fünf Grundimpulse, über die sich die Wirkung des Mondes auf das irdische Leben mitteilt: die Mondphasen (Neumond, zunehmender Mond, Vollmond und abnehmender Mond) und der Mondstand im Tierkreis. Die einzelnen Wirkungen enden nicht abrupt, wenn sich Mondphase oder -stand ändert, sondern werden schwächer, während die folgenden bereits an Einfluss gewinnen.

Der Mond umkreist die Erde als ständiger Begleiter mit einer Umlaufzeit von gut 27 Tagen. Während jedes Erdumlaufs dreht sich der Mond einmal um seine eigene Achse, so dass von der Erde aus nur immer eine Seite von ihm zu sehen ist. Die ständig wechselnde Stellung der Erde zur Sonne bedingt die so genannten Mondphasen.

Der Neumond ●

Wenn die der Erde zugewandte Seite des Mondes fast völlig verdunkelt ist, sprechen wir vom Neumond. Der Erdbegleiter steht dann für zwei bis drei Tage ziemlich genau zwischen Erde und Sonne. Man nennt diese Konstellation auch Konjunktion. Dabei tritt der Fall ein, dass der Mond während dieser Phase in demselben Tierkreiszeichen steht wie die Sonne. Wenn sich die schmale Sichel des zunehmenden Mondes zeigt, ist die Phase des Neumonds beendet.

Bei Neumond wirken kräftige Impulse auf Mensch und Natur. Man kann sie als Kräfte der Neuorientierung, des Beginnens bezeichnen. Die konzentrierten Energien sind frisch und ursprünglich, regen dazu an, Vorhaben zu planen, die in der Folge wachsen und reifen sollen.

Mond und Körper

Grundsätzlich ist zu beachten, dass man während dieser Mondphase in aller Regel über die geringste körperliche Kraft verfügt. Erst in der Folgezeit baut der Körper wieder neue Energie auf. Deshalb kann man sich nun ruhig mal eine »Pause« gönnen und sollte vor allem große körperliche Anstrengungen – wie extremen Sport oder auch chirurgische Eingriffe – nach Möglichkeit vermeiden.

Die Neumondphase ist erfahrungsgemäß ganz besonders geeignet, um durch konsequentes Fasten zum körperlichen Wohlgefühl beizutragen. Die Kräfte des Mondes unterstützen jetzt nämlich vor allem eine effektive Entgiftung des Organismus.

Heilkräuteranwendungen, die eine Entgiftung fördern, wirken jetzt besonders gut, weil sie von den Mondimpulsen in geradezu idealer

Weise unterstützt werden. Was das Sammeln, Ernten, Verarbeiten und Lagern der heilenden Pflanzen betrifft, ist nun eher Zurückhaltung angebracht. Diese kurze Mondphase – zwischen abnehmendem und zunehmendem Mond mit ihren geradezu entgegengesetzten Einflüssen auf die Pflanzenwelt – sollte man besser verstreichen lassen.
Günstig ist die Neumondzeit auch, um damit zu beginnen, schlechte, d.h. ungesunde Gewohnheiten aufzugeben, wie etwa das Rauchen oder den übermäßigen Alkoholkonsum. Der Schritt in eine neue Richtung der Lebensführung fällt jetzt nämlich bedeutend leichter als während der anderen Mondphasen. Und so ein Neuanfang kann die Gesundheit und das Wohlbefinden erfahrungsgemäß ja bedeutend verbessern!
Man sagt übrigens, dass der erste Neumond im Frühling diese Vorhaben besonders wirksam unterstützt.

Mond und seelische Verfassung

Die Astrologen vergleichen die vier Mondphasen häufig auch mit den vier Jahreszeiten. Demnach entspricht die kurze Neumondzeit dem Erwachen des Frühlings. Jetzt fällt es uns leichter als sonst, Pläne zu machen und auch schon mal das eine oder andere zu organisieren. Aber im Großen und Ganzen brauchen wir jetzt noch viel Ruhe und bevorzugen eher die Zurückgezogenheit.
Wer sich also vorgenommen hat, mit einer Kur, einem Pflege- oder Fitnessprogramm zu beginnen, sollte in der Neumondzeit ganz konkrete Voraussetzungen dafür schaffen: Termine festlegen, Speisepläne erstellen, vielleicht auch schon Heil- und Pflegemittel besorgen.

Der zunehmende Mond ◐

Sobald nach dem Neumond die schmale, nach links geöffnete Mondsichel zu erkennen ist, beginnt die Phase des zunehmenden Mondes. Von den Astronomen wird sie in zwei Abschnitte eingeteilt – in das erste und zweite Viertel. Während des ersten Viertels nähert sich der Mond der Erde, bis er ihr nach wenig mehr als sieben Tagen als Halbmond am nächsten ist. Dann kreuzt er die Umlaufbahn der Erde um die Sonne und entfernt sich wieder, um, immer weiter an Leuchtkraft zunehmend, nach etwa 14 Tagen das zweite Viertel zu vollenden und schließlich das Vollmondstadium zu erreichen.
In der Phase des zunehmenden Mondes steht alles im Zeichen der Aufnahme und des Wachsens. Die positiven Einflüsse überwiegen jetzt, die Energien werden aufgenommen und gespeichert.

Mond und Körper

So wie in der Pflanzenwelt die Säfte jetzt vor allem nach oben, in Blattwerk, Blüte und Frucht, steigen, kann der menschliche Organismus nun alles, was ihm an Kräftigendem, Aufbauendem, Heilendem zugeführt wird, besonders gut aufnehmen, speichern und verwerten. Das betrifft sowohl die vom Arzt verschriebenen Medikamente als auch Vitamine und Nahrungsergänzungsmittel, die zum Aufbau, zur Stärkung oder zur Rekonvaleszenz eingesetzt werden. Intensiver gespeichert werden jetzt aber auch alle Nährstoffe und Flüssigkeit, was schnell zu einer Gewichtszunahme führen kann.

Die Selbstheilungskraft des Körpers ist nun ebenfalls sehr groß. Allerdings kann man kurz nach Neumond noch nicht mit körperlichen Höchstleistungen rechnen. Jetzt steht erst mal der Kraftaufbau im Vordergrund. Sensible können es meist spüren: Bei weiter zunehmendem Mond nehmen auch die Kräfte zu. Deshalb ist diese Mondphase eigentlich auch die beste Zeit, um sich einmal so richtig zu erholen.
Bedenken muss man aber auch, dass sich mit fortschreitender Zunahme des Mondes der Heilungsprozess von Verletzungen verzögert; deshalb ist es angebracht, vor allem in der Nähe des Vollmondes nach Möglichkeit auf chirurgische Eingriffe zu verzichten.
Wer auf die natürliche Heilkraft der Kräuter setzt, wird während dieser Mondphase die Wirkung besonders deutlich spüren können. Die Inhaltsstoffe werden vom Organismus nicht nur gut aufgenommen, sondern auch bestens verwertet. Jetzt ist es außerdem günstig, verschiedene Heilkräuter zu sammeln bzw. zu ernten: Das gilt vor allem für Blüten und Blattkräuter sowie für Früchte und Samen, die man sofort verwenden möchte.

Mond und seelische Verfassung

Der erste Abschnitt des zunehmenden Mondes (das erste Viertel des Mondzyklus) entspricht dem eigentlichen Frühjahr. Nach einem eher zaghaften Start, was noch mit der relativen

Egal, welches Mittelchen man braucht bzw. nimmt: Bei zunehmendem Mond wirkt es noch mal so gut!

Erschöpfung um Neumond herum zu tun hat, spüren wir immer mehr frische Energie, Lebenslust und Motivation in uns aufkommen. Daher werden wir wieder kontaktfreudiger und können uns leichter dazu aufraffen, lange vor uns hergeschobene Angelegenheiten oder jüngst Geplantes in Angriff zu nehmen.
Bei weiter zunehmendem Mond (im zweiten Viertel) besteht oftmals die Tendenz, dass diese Energie in eine gewisse hektische Umtriebigkeit umschlägt. Die zweite Hälfte dieser Mondphase kann dem Sommer gleichgesetzt werden. Wir haben nun einiges an Energie in uns, können auch durchaus manches erreichen, sind aber noch längst nicht so effektiv wie in der ersten Zeit des abnehmenden Mondes. Und etwa zwei Tage vor Vollmond wird es dann kritisch, weil die innere Unruhe immer mehr zunimmt.

Der Vollmond ○

Wenn der Mond die Hälfte seines Erdumlaufes zurückgelegt hat, steht er der Sonne direkt gegenüber, in Opposition zu ihr. Seine sichtbare Oberfläche ist voll beleuchtet, er steht für ein bis zwei Tage als kreisrunde, leuchtende Scheibe am nächtlichen Himmel.
Zu keiner anderen Zeit sind die Impulse des Mondes körperlich so deutlich zu spüren wie in der Vollmondphase. Es ist zudem die Zeit starker Gefühle, positiver wie negativer.

Mond und Körper

Der Organismus reagiert auf die Energien des Vollmondes häufig mit Unruhe und Nervosität. Sensible Menschen haben beispielsweise nun vermehrt Schlafstörungen oder einen besonders nervösen Magen. Um letzterem Problem vorzubeugen, ist für die Vollmondzeit ebenfalls ein Fast- oder Saft- bzw. Obsttag zu empfehlen, zumal da die Mondkräfte auch jetzt eine Entgiftung unterstützen.
Weil Wunden stärker und länger bluten, Verletzungen langsamer und schlechter heilen als sonst, ist es ratsam, bei Vollmond auf chirurgische Eingriffe zu verzichten.
Für das Sammeln von Heilkräutern ist jetzt eine gute Zeit, ihre Heilkraft ist besonders groß. Vor allem heilende Wurzeln soll man in den Vollmondnächten ausgraben, weil das Tageslicht ihre Wirkung mindert.

Mond und seelische Verfassung

Bei Vollmond herrscht sozusagen Hochsommer. Da entlädt sich schon so manche drückende Hitze in einem krachenden Gewitter. Wir sind merklich unruhiger, reizbarer. In den wenigen Stunden des Vollmondes werden nicht nur besonders hohe Geburtenzahlen, sondern auch überdurchschnittlich viele Unfälle und Gewaltverbrechen registriert. Wer dies weiß, kann zumindest ernsthaft versuchen, drohenden Konflikten entgegenzuwirken, indem er auf Provokation bewusst gelassen reagiert und somit eventuell Streit oder Schlimmeres verhindert.
Viele Menschen haben jetzt aber auch besonders eindrucksvolle Träume und Visionen. Die Gelegenheit ist also so gut wie sonst nie, um seelische Konflikte zu erkennen und den Weg zum eigenen Ich, zum Unterbewussten zu finden. Die Vollmondphase ist daher für Meditationen eine wertvolle Zeit.

Der abnehmende Mond ◐

Der Mond setzt seinen Erdumlauf fort und vollendet ihn. Er nähert sich im dritten Viertel des Zyklus wieder der Erde, wobei die Größe der von der Sonne beleuchteten Oberfläche von rechts nach links fortschreitend geringer wird. Wenn er etwa 22 Tage nach Neumond die Sonnenumlaufbahn der Erde erneut kreuzt, ist er nur mehr halb zu sehen. Nun beginnt das letzte Viertel, die nach rechts geöffnete Sichel wird von Tag zu Tag schmaler, bis die Neumondphase erreicht ist. Dann beginnt alles von neuem.

Die Impulse des abnehmenden Mondes sind auf Abgabe gerichtet – auf das Freisetzen von Kräften und Energien. Das Handeln ist nun vor allem durch Selbstbewusstsein und Tatkraft bestimmt.

Mond und Körper

Was man während des zunehmenden Mondes an Kräften und Energie getankt hat, steht einem bei abnehmendem Mond zur Verfügung. Der Organismus ist zu dieser Zeit in seiner besten Form. Man fühlt sich jetzt in aller Regel rundum wohl und belastbarer als sonst. Körperliche wie auch geistige Höchstleistungen werden viel müheloser vollbracht. Auch Operationen gelingen bei abnehmendem Mond besser, zudem heilen die Wunden schneller. Chirurgische Eingriffe aller Art sollten also nach Möglichkeit immer in dieser Mondphase vorgenommen werden: Sie belasten den Organismus jetzt weniger als in den anderen Phasen.

So wie in der Pflanzenwelt nun die Säfte vor allem nach unten, in die Wurzeln, steigen, ist jetzt Ausspülen und Ausschwitzen ein verstärktes Prinzip des menschlichen Organismus. Deshalb wird alles, was mit Reinigung, Entschlackung oder Entgiftung zu tun hat, gute Erfolge zeitigen. Sehr zu empfehlen ist – besonders im Frühjahr und im Herbst – eine Brennnesselkur zur Blutreinigung. Der abnehmende Mond begünstigt natürlich auch die Wirkung aller ausleitenden Therapien, die eine Entgiftung des Körpers zum Ziel haben. Das betrifft z. B. die Akupunktur, eine Lymphdrainage, die Amalgamentfernung bei Zahnfüllungen oder auch das Saunabaden.

Und nicht zuletzt: Der Mond trägt nun dazu bei, dass man nicht so schnell zunimmt bzw. erfolgreicher abnimmt.

Außerdem ist jetzt die beste Zeit für die Ernte von Früchten und Samen, die man aufbewahren möchte, sowie auch für Wurzeln, wenn man dafür den Vollmond verpasst hat. Der abnehmende Mond bietet auch die besten Bedingungen für das Trocknen und Abfüllen von Heilkräutern (und zwar aller!). Sie sind dann für längere Zeit haltbar und wirksam.

Mond und seelische Verfassung

Der abnehmende Mond wird von den Astrologen auch als balsamisch oder aussäend bezeichnet. Wir verlieren jetzt nämlich zunehmend unsere Zweifel sowie Ängste und erleben eine Bündelung positiver Gefühle, die uns stärker machen.

Kurz nach Vollmond kehrt wieder Ruhe ein ins Seelenleben. Das dritte Zyklusviertel entspricht dem Herbst. Nun wird »geerntet«: Was wir im ersten Viertel vielleicht noch sehr zaghaft begonnen haben, können wir jetzt mit ziem-

Mondphasen und -stände im Jahresverlauf

Bis der Mond in jeder seiner vier Phasen die gesamten zwölf Tierkreiszeichen durchlaufen hat, ist etwa ein Jahr vergangen. Dabei ergeben sich (abgesehen von seltenen, geringen Abweichungen) folgende Konstellationen:

Mondphasen und -stände im Jahresverlauf (Info)

Januar	Neumond im Steinbock Vollmond im Krebs	Januar–Juli Januar–Juli	Zunehmender Mond im Krebs Abnehmender Mond im Steinbock
Februar	Neumond im Wassermann Vollmond im Löwen	Februar–August Februar–August	Zunehmender Mond im Löwen Abnehmender Mond im Wassermann
März	Neumond in den Fischen Vollmond in der Jungfrau	März–September März–September	Zunehmender Mond in der Jungfrau Abnehmender Mond in den Fischen
April	Neumond im Widder Vollmond in der Waage	April–Oktober April–Oktober	Zunehmender Mond in der Waage Abnehmender Mond im Widder
Mai	Neumond im Stier Vollmond im Skorpion	Mai–November Mai–November	Zunehmender Mond im Skorpion Abnehmender Mond im Stier
Juni	Neumond in den Zwillingen Vollmond im Schützen	Juni–Dezember Juni–Dezember	Zunehmender Mond im Schützen Abnehmender Mond in den Zwillingen
Juli	Neumond im Krebs Vollmond im Steinbock	Juli–Januar Juli–Januar	Zunehmender Mond im Steinbock Abnehmender Mond im Krebs
August	Neumond im Löwen Vollmond im Wassermann	August–Februar August–Februar	Zunehmender Mond im Wassermann Abnehmender Mond im Löwen
September	Neumond in der Jungfrau Vollmond in den Fischen	September–März September–März	Zunehmender Mond in den Fischen Abnehmender Mond in der Jungfrau
Oktober	Neumond in der Waage Vollmond im Widder	Oktober–April Oktober–April	Zunehmender Mond im Widder Abnehmender Mond in der Waage
November	Neumond im Skorpion Vollmond im Stier	November–Mai November–Mai	Zunehmender Mond im Stier Abnehmender Mond im Skorpion
Dezember	Neumond im Schützen Vollmond in den Zwillingen	Dezember–Juni Dezember–Juni	Zunehmender Mond in den Zwillingen Abnehmender Mond im Schützen

lich viel Energie und erstaunlichem Durchsetzungsvermögen vollenden.
Das letzte Viertel steht für den Winter: Je näher der Neumond ist, desto mehr ziehen wir uns zurück, um die verbliebenen Kräfte zu schonen. Wir kommen immer mehr zur Ruhe und bereiten uns auf den baldigen Neubeginn vor.

Der Mond im Tierkreis

Der Mond beeinflusst das irdische Leben über direkte Impulse, die durch seine verschiedenen Phasen ausgeübt werden. Dazu wirkt er aber auch durch eher indirekte astrologische Einflüsse, die von den Tierkreiszeichen ausgehen, die er auf seinem knapp einmonatigen Erdumlauf gerade durchwandert (so genannter Mondstand).
Die Tierkreiszeichen verleihen den Mondkräften sozusagen die genaueren Ziele. Die spezifischen Wirkungen, die dabei zum Tragen kommen, gehen auf die unterschiedlichen Qualitäten der Tierkreiszeichen zurück. Bei seiner Wanderschaft durch den Tierkreis hält sich der Mond in jedem der zwölf Zeichen für die Dauer von zwei bis drei Tagen auf. Die Impulse der Tierkreiszeichen auf die Mondkräfte beginnen oder enden nicht abrupt, sondern gehen fließend ineinander über.

Die Dauer des Mondstands

In den Tabellen ab Seite 122 ist die jeweilige Aufenthaltsdauer des Mondes in einem Tierkreiszeichen angegeben. Als Beurteilungskriterium dafür, von welchem Sternzeichen der einzelne Tag dominiert wird (ob z. B. noch ein Widder- oder schon ein Stiertag gegeben ist), gilt für die Redaktion nicht das Zeichen, in dem der Mond steht, wenn der Tag beginnt. Entscheidend ist vielmehr die Größe des Zeitraums, den der Mond am jeweiligen Tag in einem Sternzeichen verbringt. Denn je länger von einem Tierkreiszeichen Impulse ausgehen, desto stärker sind sie.

Urelemente und Tierkreiszeichen

Den seit Jahrtausenden überlieferten Erkenntnissen der Astromedizin entsprechend werden die zwölf Tierkreiszeichen in insgesamt vier Gruppen eingeteilt.
Jede Gruppe ist einem Urelement zugeordnet, über welches die Sternzeichen astrologisch wirken. Diese vier Urelemente – einst als die Grundbestandteile des Universums angesehen – sind Feuer, Erde, Luft und Wasser.

Element Feuer
Tierkreiszeichen Widder, Löwe, Schütze

Element Erde
Tierkreiszeichen Stier, Jungfrau, Steinbock

Element Luft
Tierkreiszeichen Zwillinge, Waage, Wassermann

Element Wasser
Tierkreiszeichen Krebs, Skorpion, Fische

Durch die beschriebene Zuordnung der Tierkreiszeichen zu den Urelementen entstehen vier Trigonen (Elementegruppen), die bestimmte Grundmuster in den verschiedenen Bereichen der Natur und des menschlichen Lebens angeben.

Der Mondstand und die Körperregionen

In der Astromedizin wird seit jeher jedem Tierkreiszeichen ein bestimmter Bereich des menschlichen Organismus zugeordnet (siehe Tierkreiszeichenmensch), auf den es eine spezifische Wirkung ausübt.
Der Mond durchwandert somit in jedem Monat nicht nur den gesamten Tierkreis, sondern quasi auch den ganzen Körper, wobei er im Laufe des Jahres wiederum verschiedene Kräfte entfaltet, je nachdem, in welcher Phase er sich befindet.

Und was bedeutet das für den Körper?

Ganz allgemein kann man über dieses Phänomen sagen: Während der Mond ein bestimmtes Tierkreiszeichen durchläuft, sind die zugeordneten Körperregionen und Organsysteme einerseits besonders empfänglich für Entlastung, Pflege und Behandlung, andererseits aber auch besonders anfällig für verschiedene Belastungen und Risiken.
Für das körperlich-seelische Wohlgefühl, die Gesundheitsvorsorge und eventuelle Therapien lässt sich daraus ableiten:
Alles, was man dem Organ bzw. Körperbereich, dessen Tierkreiszeichen vom Mond gerade durchschritten wird, an Gutem, Stärkendem, Heilendem angedeihen lässt, wird jetzt ganz besonders gut tun, stärken, heilen; alles aber, was für den betreffenden Körperbereich schlecht, schwächend, ungesund ist, wird sich jetzt besonders schädigend auswirken. So sollten auch z. B. chirurgische Eingriffe an den durch den jeweiligen Mondstand beeinflussten Organbereichen möglichst vermieden werden. Denn obwohl diese Eingriffe natürlich eine Heilung zum Ziel haben, bedeuten sie leider zuerst einmal eine besondere Belastung, die man möglichst vermeiden sollte.

Mondstand und Wellness

Wer die Zusammenhänge zwischen Mondstand und Wirkung auf den Körper und die seelische Verfassung des Menschen kennt, also weiß, an welchen Tagen welche Organe besonders sensibel, d. h. sehr aufnahmefähig, aber auch risikobeladener, und welche Stimmungen zu erwarten sind, kann sein Verhalten entsprechend darauf einstellen:

- beispielsweise bei Migräneanfälligkeit vor allem an Widdertagen konsequent auf Genussmittel verzichten, weil so das Risiko eines Anfalls herabgesetzt wird;
- beispielsweise an Krebstagen auf besonders gesunde und leichte Nahrung Wert legen sowie nach Möglichkeit jeden Ärger vermeiden, damit einem nichts auf den Magen schlägt;
- beispielsweise als Untrainierter nicht gerade an einem Schützetag bei zunehmendem Mond sich sportlich völlig verausgaben, um einen Muskelkater zu vermeiden.

Tierkreiszeichen und Körperregionen

Widder

Der Widder wirkt auf den Kopf (Gehirn), das Gesicht (Augen, Nase) und den Oberkiefer – zudem auf die Sinnesorgane.

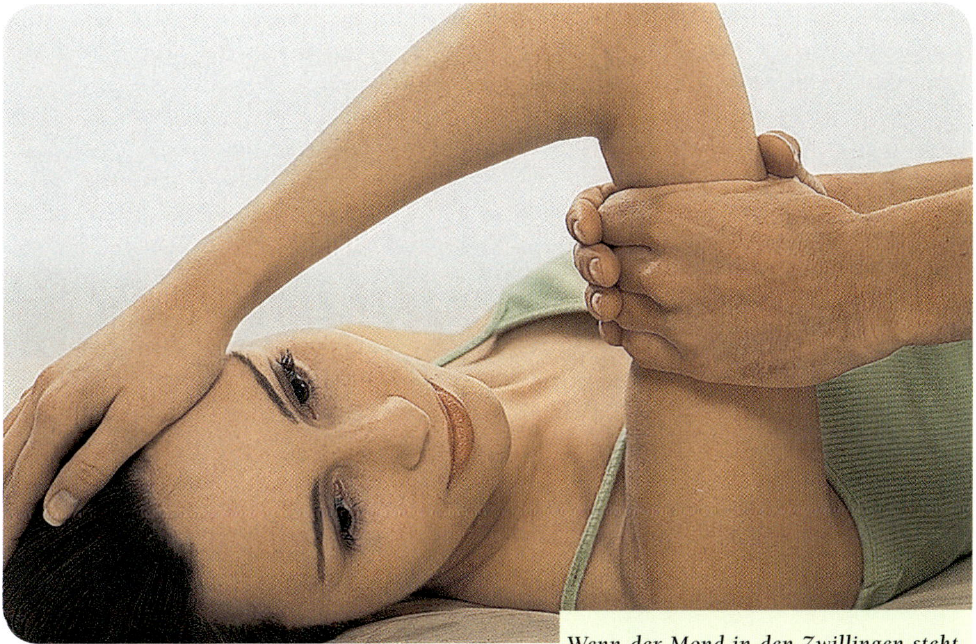

Wenn der Mond in den Zwillingen steht, sind Armmassagen besonders effektiv – ob kräftigend oder entspannend.

Stier

Dem Stier werden der Unterkiefer, der Kehlkopf, der Hals (Mandeln, Schilddrüse), der Nacken und die Ohren zugeordnet – sowie der Blutkreislauf.

Zwillinge

Die Zwillinge beeinflussen sowohl die Bronchien und die Schulterpartie als auch die Arme und die Hände – außerdem nehmen sie Einfluss auf die inneren Drüsen.

Krebs

Der Krebs übt seine Wirkung auf die Brust, die Lunge, den Magen sowie auf Leber und Galle aus – und zusätzlich beeinflusst dieses Tierkreiszeichen die Nerven.

Löwe

Der Löwe nimmt Einfluss auf das Herz, den Kreislauf, den Blutdruck und den Rückenbereich – zudem auf die Sinnesorgane.

Jungfrau

Der Jungfrau ordnet man den Stoffwechsel, die Verdauung, die Bauchspeicheldrüse, die Milz sowie die Nerven zu – und den Blutkreislauf.

Waage

Die Wirkung der Waage zielt gleichermaßen auf die Hüftregion wie auf die ableitenden Organe, also Nieren und Blase – außerdem auf die inneren Drüsen.

Skorpion

Dem Skorpion werden die inneren und äußeren Sexualorgane sowie zusätzlich die ableitenden Harnwege zugeordnet – sowie die Nerven.

Schütze

Der Schütze beeinflusst die Oberschenkel und ebenso die Venen – außerdem noch die Sinnesorgane.

Steinbock

Der Steinbock bestimmt neben den Knien und anderen Gelenken auch noch die Haut sowie den Knochenbau (Skelett) – und zusätzlich den Blutkreislauf.

Wassermann

Der Wassermann nimmt ebenso Einfluss auf die Unterschenkel wie auf die Venen und die Knöchel – zudem auf die inneren Drüsen.

Fische

Den Fischen werden schließlich die Füße und Zehen zugeordnet – sowie die Nerven.

Vorsicht an Schützetagen! Das Risiko, einen Hexenschuss zu bekommen, ist jetzt leider besonders hoch.

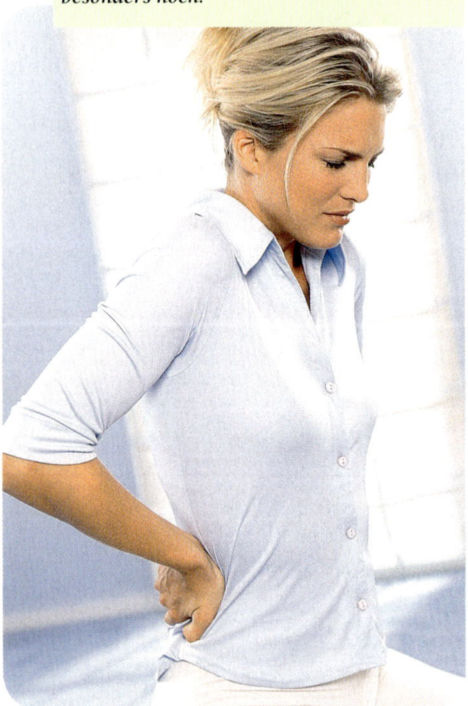

Erhöhte Risiken für die Körperregionen

So wie jeder Körperteil an dem Tag besonders empfänglich für Pflege und Stärkung ist, an dem der Mond in dem Tierkreiszeichen steht, das für die entsprechende Körperregion »zuständig« ist, so sensibel reagiert er auch auf Stoffe und Einflüsse, die zu einer Störung oder gar Erkrankung führen können. Im Allgemeinen muss man als gesunder Mensch keine umfassenden Sicherheitsvorkehrungen für jeden Tag treffen.

Wer aber die eine oder andere Anfälligkeit bei sich kennt und die entsprechenden Termine beachtet, kann wesentlich zu seinem körperlichen Wohlgefühl beitragen bzw. verhindern, dass es zu einem gesundheitlichen Problem kommt. Wir wissen ja alle: Vorbeugen ist allemal besser als heilen!

Das **Allergierisiko** ist erfahrungsgemäß bei Vollmond besonders hoch und bei zunehmendem Mond erhöht.

Das Risiko für **Augenbeschwerden** ist besonders hoch an den Widdertagen in der Nähe des Vollmonds; an Widdertagen allgemein ist es erhöht.

Blasen- und Nierenbeschwerden treten in aller Regel besonders häufig an den Waagetagen bei zunehmendem Mond auf; auch an Waage- und Skorpiontagen allgemein ist das Risiko erhöht.

Frauenleiden zeigen sich mit einer gewissen Häufung an Skorpiontagen, relativ unabhängig von der Mondphase.

Das Risiko für **Fußbeschwerden** ist erfahrungsgemäß besonders hoch an den Fischetagen bei zunehmendem Mond; an Fischetagen allgemein ist es erhöht.

Gelenkschmerzen treten häufiger auf an den Steinbocktagen bei zunehmendem Mond, auch an Steinbock- und Wassermanntagen in den anderen Phasen des Mondes.

Das Risiko für **Halsschmerzen und Heiserkeit** ist besonders hoch bei zunehmendem Mond im Stier, aber an sonstigen Stiertagen auch spürbar höher.

Herz-Kreislauf-Probleme treten besonders ausgeprägt bei Vollmond im Löwen in Erscheinung, machen sich aber auch an Löwetagen allgemein bemerkbar.

Wer zu **Ischias (Hexenschuss)** neigt, sollte sich an Schützetagen bei zunehmendem Mond in Acht nehmen; aber auch an allen anderen Schützetagen ist das Risiko erhöht.

Kopfschmerzen und Migräne treten häufiger an Widdertagen auf, besonders an den Widdertagen im März und April bzw. im September und Oktober.

Leber- und Gallenblasenbeschwerden sind vor allem an den Krebstagen zu befürchten, besonders immer dann, wenn der Mond außerdem noch zunimmt.

Auch das Risiko für **Magenbeschwerden** ist an Krebstagen erhöht.

Muskelschmerzen treten bevorzugt an Zwillinge- und Schützetagen auf.

Ohrenschmerzen zeigen sich öfter mal an den Stiertagen.

Rheumatische Beschwerden muss man besonders an Zwillingetagen bei zunehmendem Mond befürchten. Und auch in den anderen Mondphasen – das haben jedenfalls viele Erfahrungen gezeigt – sind sie an Zwillingetagen häufiger als sonst.

Schlafstörungen treten in aller Regel besonders häufig um und bei Vollmond auf. Aber auch an den Löwetagen leidet man nicht selten darunter.

Das Risiko für **Venenbeschwerden** ist erhöht, wenn der Mond im Schützen oder im Wassermann steht.

Verdauungsprobleme zeigen sich häufiger als sonst an Jungfrautagen bei zunehmendem Mond. Aber auch an allen anderen Jungfrautagen hat man damit zu rechnen.

Die körperliche Wellness

Körperlich gesund zu sein ist eine unerlässliche Voraussetzung, um sich in seiner Haut auch wirklich wohl zu fühlen. Wer keine Schmerzen hat, nicht an irgendwelchen Organfunktionsstörungen leidet und in seiner Bewegungsfreiheit uneingeschränkt ist, kann ganz anders ja zum Leben sagen.

Ob westliche Schulmedizin, Traditionelle Chinesische Medizin, Homöopathie oder andere alternative Richtungen – zumindest in einem grundsätzlichen Punkt sind sich alle einig: Die Lebensführung trägt ganz maßgeblich zur Gesundheit und letztlich zu einem positiven Körpergefühl bei.

Es ist also äußerst entscheidend, wie wir uns ernähren, dass wir uns genug bewegen, aber auch immer wieder ausreichend erholen. Und es ist wichtig, dass wir unseren Körper schonen und pflegen, um lauernde Risiken zu minimieren – Organ für Organ, Region für Region. Wer dazu das Mondwissen nutzt, hat kaum Aufwand und leistet einen wichtigen Beitrag zu Gesundheit und Wohlgefühl.

Die richtige Ernährung im Rhythmus des Mondes

Heutzutage wissen bereits die meisten, dass Ernährung, Gesundheit und körperliches Wohlgefühl in unmittelbarem Zusammenhang stehen. Dennoch ist leider immer noch viel zu wenig darüber bekannt, dass sowohl die Mondphasen als auch der Mondstand ganz wesentliche Einflüsse auf die Qualität der Ernährung haben.

Man sollte seine Ernährungsgewohnheiten einmal unter diesem Aspekt überprüfen, Beobachtungen sowie Erfahrungen sammeln (z. B. in einem Ernährungstagebuch!) und mit den Signalen des eigenen Körpers vergleichen. Dann findet man vielleicht einen geeigneten Rhythmus, der Appetit, Geschmack und Bekömmlichkeit auf angenehme Weise miteinander verbindet. Damit fängt gesunde Ernährung an – und wahrscheinlich auch ein besseres Körpergefühl!

Mondphasen und Ernährung

Bei zunehmendem Mond steht alles im Zeichen der Aufnahme. Der menschliche Körper speichert jetzt vor allem die zugeführten Nährstoffe, während er die daraus gewonnene Energie besonders bei abnehmendem Mond wieder abgibt. Neumond und Vollmond sind Umbruchphasen mit ganz eigenen und sehr starken Impulsen, weshalb man sich schonend ernähren oder unter Umständen auch einmal fasten sollte.

Bei Neumond

Die Impulse des Neumonds unterstützen in besonderer Weise alle Maßnahmen zur Entgiftung und Entschlackung des Organismus. Deshalb ist auch zu keiner anderen Zeit die Wirksamkeit einer Fastenpause so hoch. Wer sich regelmäßig etwas Gutes tun will, sollte an jedem Neumondtag einen Fasttag einlegen und zugleich reichlich Flüssigkeit (besonders Mineralwasser) zu sich nehmen. Natürlich wirken alle Kräutertees, die auf Entgiftung, Entschlackung, Reinigung ausgerichtet sind, während dieser Phase sehr intensiv, weil sie von den Mondimpulsen entsprechend unterstützt werden. Vor allem Brennnesseltee ist ein sehr bewährtes Mittel zur Entgiftung und Blutreinigung. Aber auch alle, die jetzt nicht auf jegliches Essen verzichten wollen, sollten bedenken: Für das Wohlbefinden ist es in jedem Fall sehr nützlich, zu diesem Zeitpunkt nicht gerade zu schlemmen, sondern sich sehr maßvoll zu ernähren, um die Ausscheidung schädlicher Stoffe möglichst wirksam zu unterstützen. Man kann diese Phase beispielsweise auch als puren Obst- bzw. Safttag nutzen.

Zwischendurch mal nur Obst? Klar doch! Das ist lecker, gesund und ein wichtiger Beitrag zur Entschlackung.

Bei zunehmendem Mond

Der Körper »bunkert« während des zunehmenden Mondes besonders viel Kraft und Energie. Auch die Inhaltsstoffe von Kräutertees werden jetzt sehr gut aufgenommen und bestens verwertet.

Gespeichert werden allerdings auch mehr und mehr Nährstoffe sowie Flüssigkeit. Daher sollte jeder, der auf sein Gewicht achten muss, etwas zurückhaltender mit dem Essen sein. Zunehmender Mond kann sonst gleichbedeutend mit zunehmendem Leibesumfang sein. Auch Genussmittel (vor allem Alkohol) wirken jetzt intensiver und bedingen schneller lästige Nebenwirkungen als beispielsweise bei abnehmendem Mond. Maßhalten ist also angesagt, wenn dem Genuss nicht die Reue folgen soll!

Bei Vollmond

Einerseits ist jetzt für den menschlichen Organismus der Zeitpunkt größter Aufnahmefähigkeit angebrochen. Beispielsweise werden Nährstoffe, die zum Aufbau des Immunsystems beitragen, in dieser Mondphase optimal verarbeitet. Andererseits schlägt sich zu üppiges Essen nun am allermeisten nieder. Der Richtungswechsel von Aufnahme zu Abgabe, der sich mit dem Vollmond jäh bemerkbar macht,

beeinflusst aber auch Stimmung und körperliches Empfinden stärker, als man es wahrhaben will. Der menschliche Organismus reagiert auf diese Impulse nicht selten mit Unruhe – so z. B. unter Umständen auch mit einem besonders nervösen Magen.
Aufgrund dieser Gegebenheiten spricht viel dafür, nach Möglichkeit während dieser gut eintägigen Mondphase zu fasten bzw. ausschließlich Wasser oder Kräutertee zu trinken. Die starken Vollmondimpulse können nämlich zu einer massiven Entschlackung des Körpers beitragen. Auch ein Obst- oder Safttag ist jetzt zu empfehlen. Und wer etwas isst, sollte dies auf keinen Fall später als 19 Uhr tun, weil dann die Verdauung dem Körper zunehmend schwerer fällt!

Bei abnehmendem Mond

Bei abnehmendem Mond ist der Stoffwechsel besonders aktiv. Kräutertees, die eine Entgiftung des Körpers unterstützen, wirken nun umso besser. Zudem werden die Nährstoffe vom Organismus jetzt weniger gut aufgenommen und deponiert. Der Mond regt den Körper eher dazu an, Kalorien zu verbrauchen. Daher kann man in dieser Zeit auch schon einmal etwas üppiger essen, ohne dass sich das gleich an Bauch oder Hüften bemerkbar macht.
Aber auch das Gegenteil hat einen angenehmen Effekt: Weil der Hunger in der Phase des abnehmenden Mondes im Allgemeinen etwas geringer ist, kann man eine Fastenkur oder Diätmaßnahmen viel leichter durchhalten und gleichzeitig deren entschlackende, entgiftende Wirkung optimal nutzen. Ganz besonders zu empfehlen sind dafür die letzten Tage vor Neumond und der Neumondtag selbst.
Noch ein Tipp: Eine ausgelassene Feier, bei der man sich einmal erlaubt, etwas mehr Alkohol zu trinken als sonst, hat deutlich geringere Nachwirkungen, wenn der Mond gerade abnimmt.

Mondstand und Ernährung

Beobachtungen und Erfahrungen haben gezeigt, dass der Organismus zu gewissen Zeiten – immer wenn sich der Mond in einem bestimmten Tierkreiszeichen befindet – auf bestimmte Nährstoffe in besonderer Weise reagiert. Häufig werden diese dann besonders gut aufgenommen und verwertet. Manchmal ist leider aber auch das Gegenteil gegeben – die Nährstoffe bekommen einem nicht, und man sollte sie zu diesen Zeiten besser meiden.
Man ist in jedem Fall gut beraten, wenn man auf solche Zusammenhänge achtet. So kann man verhindern, dass gewisse Nährstoffe, zu einem bestimmten Zeitpunkt gegessen, wegen allzu guter Verwertung dick machen oder dass sie zu lästigen Nebenwirkungen (wie Völlegefühl und Blähungen) bzw. sogar zu ernsthaften Erkrankungen führen.

Feuertrigone und Fruchtpflanzen

So wie der Mond, wenn er in einem Feuerzeichen (Widder, Löwe, Schütze) verweilt, das Wachstum von Fruchtpflanzen mit beeinflusst, fördert er auch die Bekömmlichkeit von Fruchtgemüse, Hülsenfrüchten und vor allem von rotem Obst. Die bekanntesten Beispiele sind: Auberginen, Beerenobst, Bohnen, Erbsen, Gurken, Kürbis, Linsen, Mais, Paprika, Tomaten und Zucchini.
Außerdem werden an Feuertagen gut aufgenommen: Getreide, scharfe Gewürze, Fisch, mageres Fleisch.

Feuertrigone und Eiweiß

Die Feuerzeichen (Widder, Löwe, Schütze) bestimmen die Eiweißqualität. An den Tagen, da der Mond in diesen Tierkreiszeichen steht, wirken eiweißhaltige Nahrungsmittel in der Regel besonders günstig auf unseren Organismus. Sie fördern den Zellaufbau und stärken physische Kraft sowie geistige Energien. Und der ernährungstechnische Vorteil: Eiweiß macht im Gegensatz zu Fett schnell satt!

Achtung Bedenken Sie aber, dass jede Einseitigkeit in der Ernährung die positive Wirkung bestimmter Nahrungsmittel abschwächen und unter Umständen sogar aufheben kann. Gerade ein Überangebot an Eiweißen kann zu Verdauungsstörungen führen, die den Organismus eher schwächen. Vor allem zu viel tierisches Eiweiß kann die Nierenfunktion beeinträchtigen. Davon abgesehen haben nicht wenige Menschen eine Eiweißallergie, so dass ihr Organismus auf gewisse körperfremde Eiweiße überreagiert.

Erdtrigone und Wurzelpflanzen

So wie der Mond, wenn er in einem Erdzeichen (Stier, Jungfrau, Steinbock) steht, das Wachstum von Wurzelpflanzen mit beeinflusst, wirkt er sich auch positiv auf die Bekömmlichkeit von Wurzelgemüse aus. Die bekanntesten Beispiele sind: Karotten, Kartoffeln, Knoblauch, Lauch, Meerrettich, Radieschen, Rettich, Rote Bete, Schwarzwurzel, Sellerie und Zwiebeln. Außerdem werden an Erdtagen gut aufgenommen: Pilze und alles Salzige.

Erdtrigone und Salz

Die Erdzeichen (Stier, Jungfrau, Steinbock) beeinflussen die Salzqualität. Man sollte einmal beobachten, ob man an diesen Tagen besonders Appetit auf Salziges hat oder nicht. Wenn ja, sollte man diesem Verlangen ruhig nachgeben, denn Salz braucht der Körper für die Bluternährung. An diesen Tagen ist die Wirkung dann entsprechend günstig.

Achtung Wenn Sie aus gesundheitlichen Gründen, z. B. wegen Bluthochdrucks, salzarm essen müssen, dann seien Sie an diesen Tagen besonders vorsichtig, denn auch geringere Mengen haben jetzt eine große, in diesem Fall negative Wirkung.

Lufttrigone und Blütenpflanzen

So wie der Mond, wenn er ein Luftzeichen (Zwillinge, Waage, Wassermann) durchwandert, das Wachstum von Blütenpflanzen mit beeinflusst, steigert er auch die Bekömmlichkeit von Artischocken und Brokkoli.

Außerdem werden an Lufttagen gut aufgenommen: Avocados, Borretsch-, Holunder- und Lavendelblüten.

Lufttrigone und Fett

Die Luftzeichen (Zwillinge, Waage, Wassermann) unterstützen die Nahrungsfette bei ihrer Wirkung auf den Organismus. Oft bekommt Fettes und Öliges an diesen Tagen recht gut und beeinflusst z. B. die inneren Drüsen positiv. Wenn man es sich gesundheitlich leisten kann, sollte man an diesen Tagen einfach einmal seinem Appetit nachgeben und sich den Hotdog oder die Pommes leisten, an die man ständig denken muss.

Achtung Gerade beim Fett gehen die Meinungen weit auseinander – hier muss man aber auch genauer unterscheiden. Vor allem tierische Fette (bis auf bestimmte Fischfette) haben einen schlechten Ruf, weil ein Zuviel nachweislich den Cholesterinspiegel erhöht

Auf solch einen köstlichen Salat hat man ja nicht nur an Wassertagen Appetit. Da aber wahrscheinlich ganz besonders!

oder Herz-Kreislauf-Erkrankungen mit verursacht. Bei den pflanzlichen Fetten sieht das schon ganz anders aus.

Meiden Sie Fettes gerade an den Lufttagen, wenn es Ihnen grundsätzlich nicht bekommt oder Sie es aus gesundheitlichen Gründen eh reduzieren müssen. Sie gehen dadurch nämlich einer besonders ungünstigen Wirkung aus dem Weg.

Wassertrigone und Blattpflanzen

So wie der Mond, wenn er sich in einem Wasserzeichen (Krebs, Skorpion, Fische) befindet, das Wachstum von Blattpflanzen mit beeinflusst, trägt er auch zur Bekömmlichkeit von Blattgemüsen und Salaten bei. Die bekanntesten Beispiele sind: Blumenkohl, Endivien, Fenchel, Kohl, Kohlrabi, Kopfsalat, Mangold, Spargel und Spinat.

Außerdem werden an Wassertagen gut aufgenommen: alle Blattkräuter, z. B. Beinwell, Engelwurz, Melisse, Minze oder Petersilie.

Wassertrigone und Kohlenhydrate

Die Wasserzeichen (Krebs, Skorpion, Fische) bedingen eine besondere Kohlenhydratqualität. Viele bevorzugen an diesen Tagen Brot, Kuchen, Mehlspeisen und Süßigkeiten. Das muss nicht falsch sein, denn Kohlenhydrate gelten u. a. als »Nervennahrung« und werden benötigt. Allerdings muss man auch bei den unterstützen und auf Obst oder gar Obstsäfte umzusteigen. Man sollte jetzt aber umso mehr trinken, je weniger man isst – insgesamt gute 3 Liter täglich.

5. Schritt

Bei Neumond sollte zur Krönung des stattfindenden Entschlackungsprozesses ein Fasttag eingelegt und etwa 3 Liter Mineralwasser oder Kräutertee getrunken werden. Wem das schwer fällt, muss zumindest versuchen, einen Obst- oder Safttag abzuhalten.

6. Schritt

Im ersten und zweiten Viertel des neuen Zyklus, also bei zunehmendem Mond, beginnt der Körper wieder mit seinem Kraftaufbau. Das bedeutet, dass er zunehmend Kalorien bunkert und auch Flüssigkeit speichert. Eine Folge davon ist, dass der Appetit nun wieder wächst. Dennoch sollte man während dieser Zeit versuchen, es noch bei der reduzierten Nahrungsaufnahme zu belassen. Daher ist vor allem jetzt zu bedenken: Fett macht nicht satt, sondern letztlich immer hungriger. Wer also Schwierigkeiten hat, seinen Appetit zu zügeln, der weicht besser auf zusätzliches Eiweiß aus, was viel effektiver sättigt. Gute Erfolge bescheren beispielsweise täglich zwei Shakes aus 3 Esslöffeln Eiweißpulver und 0,2 Liter stillem Wasser oder Magermilch. Und auch Kohlenhydrate können gut sättigen, allerdings nur die wirklich hochwertigen. Außerdem ist es besonders in dieser Mondphase wichtig, den medizinischen Ratschlag zu befolgen, dass man nach 18 oder zumindest 19 Uhr nicht mehr essen sollte. Auch das trägt nämlich zu einer besseren Nährstoffverwertung, Verminderung des Appetits und besseren Bilanz auf der Waage bei. Wenn sich die Flüssigkeitsaufnahme langsam wieder auf gut 2 Liter täglich reduziert, ist das ausreichend.

7. Schritt

Bei erneutem Vollmond sollte man möglichst nochmals fasten, sprich: ausschließlich Mineralwasser oder Kräutertee trinken. Das fördert wie bereits erwähnt die Entschlackung und bildet den idealen Abschluss dieser Kur. Auch für diesen Tag ist die empfohlene Flüssigkeitsmenge gut 2 Liter.
Wer zu diesem Zeitpunkt mit dem Ergebnis noch nicht zufrieden ist, verlängert die Kur auf dem Level der momentanen Nahrungsreduzierung bis zum nächsten Vollmond. Wenn man das beabsichtigte Gewicht schließlich erreicht hat, kann man mit der nun beginnenden Phase des abnehmenden Mondes die Portionen langsam steigern.
Das bedeutet allerdings nicht, dass man zu seinen alten Essgewohnheiten wieder zurückkehren, sondern sich bezüglich Auswahl und Menge durchaus an den gegebenen Vorschlägen orientieren sollte.

Exkurs: Kräuter

Kräuter sind aus vielen Bereichen des menschlichen Lebens nicht mehr wegzudenken. Wer freut sich nicht am Morgen auf eine Tasse Tee zur Belebung – oder am Abend eines stressreichen Tages zur Entspannung? Kräuter »adeln« die unterschiedlichsten Gerichte, indem sie den Genuss daran erhöhen. Sie lindern all die Wehwehchen von Appetitlosigkeit bis Schlafstörung und können oftmals sogar zur Heilung einer richtigen Erkrankung beitragen. Zudem misstrauen immer mehr Menschen der kosmetischen Industrie und mischen sich ihre Präparate zur Körper- und Schönheitspflege selbst – u. a. auch aus diversen Kräutern. Deshalb sei in diesem Abschnitt noch ein kurzer Blick auf den grundsätzlichen und mondgerechten Umgang mit Kräutern geworfen.

Grundsätzliches zum Sammeln bzw. Ernten

- Generell sollte man beachten, dass nur Pflanzen gesammelt und angewendet werden, die man wirklich kennt und deren Wirkung nachgewiesen ist. Im Zweifelsfall sollte man sich mit einem Arzt für Naturheilkunde oder einem Apotheker beraten.
- Es versteht sich von selbst, dass Heilpflanzen, die unter Natur- oder Artenschutz stehen, nicht gesammelt werden. Einige dieser Pflanzen werden auch angebaut und können in der Apotheke erworben werden.
- Um zu vermeiden, dass Schad- oder Fremdstoffe die Wirkung beeinträchtigen oder gar ins Gegenteil verkehren, sollte man Heilkräuter nicht in der Nähe stark befahrener Straßen oder auf gedüngten Wiesen bzw. Feldern sammeln.
- Auch sollte man nie mehr von den Kräutern ernten, als man für den Gebrauch in der nächsten Zeit benötigt. Heilkräuter verlieren nach einiger Zeit ihre Wirkung – länger als ein Jahr sollte man sie nicht aufbewahren.
- Die günstigste Tageszeit für das Pflücken hängt vor allem davon ab, wie viel Sonnenlicht die jeweiligen Pflanzenteile vertragen. Der Vormittag ist prinzipiell aber gut geeignet.

Kräuter: Geschenk der Natur und Begleiter in allen Lebenslagen. Ob wir krank sind oder einfach nur genießen wollen!

Mondgerechtes Sammeln und Verarbeiten

Die Astromedizin entdeckte schon vor mehr als 1000 Jahren die Einflüsse des Mondes auf die Heilwirkung der Pflanzen. Diese Einflüsse optimieren die Heilkraft einer jeden Heilpflanze, wenn man sie zum richtigen Zeitpunkt sammelt bzw. erntet, verarbeitet und anwendet.

Früchte und Samen sammeln bzw. ernten

Hier gibt es – je nach Verwendungszweck – zwei in etwa gleichwertige Optionen: bei abnehmendem Mond an Fruchttagen (Widder,

Löwe, Schütze), wenn man die Früchte bzw. Samen aufbewahren will; bei zunehmendem Mond an Fruchttagen, wenn man die Früchte bzw. Samen sofort verwenden will.

Weniger günstig ist es, Früchte oder Samen bei Vollmond bzw. an Steinbock-, Krebs-, Jungfrau- und Fischetagen zu sammeln bzw. zu ernten.

Die beste Sammelzeit ist erfahrungsgemäß im Sommer und Herbst.

Wurzeln sammeln bzw. ernten

Bei Vollmond an einem Steinbock- oder Jungfrautag (vor Sonnenaufgang oder nach Sonnenuntergang) gesammelt, entfalten sie ihre stärkste Heilwirkung. Kann man diesen optimalen Zeitpunkt nicht einhalten, sollte man die Wurzeln bei abnehmendem Mond bzw. Neumond an einem Steinbock- oder Jungfrautag ausgraben.

Weniger günstig ist es in aller Regel bei zunehmendem Mond (auch in den Nächten); ganz ungünstig bei zunehmendem Mond an allen Krebstagen.

Die beste Sammelzeit ist das zeitige Frühjahr und der Herbst.

Blüten sammeln bzw. ernten

Sehr günstig ist es, blühende Kräuter bei zunehmendem Mond am späten Vormittag eines Blütentags (Zwillinge, Waage, Wassermann) zu sammeln. Auch bei Vollmond an einem Blütentag ist es noch günstig.

Bei abnehmendem Mond sollte man Blüten möglichst nicht sammeln, auf keinen Fall an einem Blatttag (Krebs, Skorpion, Fische) in dieser Mondphase.

Die besten Sammelzeiten sind das Frühjahr und der Frühsommer.

Blätter sammeln bzw. ernten

Wenn man die Blätter heilkräftiger Pflanzen sammeln bzw. ernten will, sollte man dies am besten bei zunehmendem Mond an einem Skorpiontag tun. Günstig sind auch noch Krebs- oder Fischetage, ebenfalls bei zunehmendem Mond.

Weniger günstig ist es bei abnehmendem Mond, ganz ungünstig bei abnehmendem Mond an einem Wurzeltag (Stier, Jungfrau, Steinbock).

Bei den Blattkräutern gibt es eine wichtige Ausnahme, die erwähnt werden muss: Brennnesseln (zur Blutreinigung) sammelt man besser bei abnehmendem Mond, besonders günstig an einem Skorpiontag.

Blätter können eigentlich das ganze Jahr über gesammelt werden.

Trocknen und abfüllen

Kräuter bzw. Pflanzenteile werden möglichst an der Luft, aber nicht in praller Sonne getrocknet. Sehr günstig ist dafür die Zeit des abnehmenden Mondes (vor allem an Zwillinge-, Waage- oder Wassermanntagen), weniger geeignet die des zunehmenden Mondes (vor allem an Krebs-, Skorpion- und Fischetagen).

Eine weitere Erfahrung macht klar: Vollmondlicht sollten die trocknenden Kräuter nicht ausgesetzt werden.

Zum Aufbewahren werden die getrockneten Kräuter in Papiertüten, besser noch in dunkle Gläser abgefüllt. Metall- oder Plastikbehälter sind weniger geeignet.

Das Abfüllen sollte ebenfalls immer bei abnehmendem Mond vorgenommen werden, nach Möglichkeit nicht bei zunehmendem Mond, keineswegs aber an einem Vollmondtag, wenn die Kräuter lange halten sollen.

Verschiedene Heilkräuteranwendungen

Es gibt viele Möglichkeiten, Heilkräuter wirksam anzuwenden: getrocknet und im Ganzen, zerstoßen, pulverisiert – so wirken sie beispielsweise als Inhalt von Kräuterkissen, Salben, Tinkturen oder als Badezusatz (siehe Seite 74) über die Haut bzw. über die Atemwege.

Kräuterkissen herstellen

Die Leinensäckchen mit verschiedenen Kräutermischungen sind sehr beliebt. Man kann sie ins Bad geben oder ihre heilende und entspannende Wirkung nachts unter dem Kopfkissen bzw. der Bettdecke genießen.

Ein Kräuterkissen ist schnell gemacht: Man näht zwei Leinen- oder Baumwollquadrate (10 mal 10 bis 15 mal 15 Zentimeter) an drei Seiten zusammen. Die vierte wird mit einem Reißverschluss versehen, um die getrockneten Kräuter ohne Schwierigkeiten einfüllen bzw. austauschen zu können.

Die Kräuter sollten auf jeden Fall bei abnehmendem Mond, bevorzugt an Blütentagen (Zwillinge, Waage, Wassermann), eingefüllt werden, aber nicht, wenn der Mond gerade zunimmt.

Kräutersalben herstellen und abfüllen

Wer Salben und Tinkturen selbst anrühren will, sollte dies bevorzugt tun, wenn der Mond den Tierkreis von Schütze, über Steinbock, Wassermann, Fische und Widder, bis Stier durchwandert. Auch an Vollmondtagen ist dies günstig. Weniger empfehlenswert sind Krebs- und Jungfrautage, denn dann wird die Haltbarkeit deutlich geringer sein.

Salben fördern nicht nur den Heilungsprozess von Wunden, sondern bilden auch eine optimale Schutzschicht auf rissiger Haut oder trockenen Ekzemen. Zudem ist es nicht schwierig, sie selbst herzustellen: Man kocht dazu in einem großen Topf Wasser auf, das man dann weiter köcheln lässt. Über dieses Behältnis mit siedendem Wasser stellt man einen zweiten Topf, in den man etwa 200 Milliliter des gewünschten Kräuteröls füllt. In dieses Öl werden langsam und unter Rühren 25 Gramm geriebenes Bienenwachs gegeben, bis es ganz geschmolzen ist. Wer möchte, kann auch noch 2 bis 5 Tropfen eines ätherischen Öls dazugeben. Wenn alles gleichmäßig verrührt ist, wird die Masse noch in warmem Zustand in ein hitzebeständiges Glas gefüllt, wo man sie einfach erkalten lässt.

Das Abfüllen sollte in jedem Fall bei abnehmendem Mond erfolgen.

Am häufigsten sind allerdings innerliche Anwendungen in Form von Tees, bei denen die pflanzlichen Wirkstoffe besonders gut aufgeschlossen und direkt zum Wirkungsort transportiert werden.

Der Aufguss

Zur Herstellung eines klassischen Heiltees werden die Kräuter mit kochendem Wasser übergossen und sollten dann in einem bedeckten Gefäß ca. 10 Minuten ziehen. Anschließend wird der Tee noch warm durch ein Sieb gegeben. Aufgüsse stellt man in aller Regel aus geschnittenen Stängeln, Blättern, Blüten, Samen oder Früchten her. Fruchtkräuter, die ätherische Öle enthalten, sollten vor dem Überbrühen zerquetscht oder zerstoßen werden: so z. B. Anis-, Dill-, Fenchel- oder Kümmelsamen.

Beschwerden und Heilpflanzen von A bis Z

Info

Beschwerden	Heilkräuter, die helfen (Auswahl)
Afterschrunden	Kamille, Eichenrinde, Gartenrose
Altersschwäche	Löwenzahn, Ginseng, Knoblauch, Weißdorn
Angina	Holunder, Eibisch, Kamille, Salbei
Appetitlosigkeit	Beifuß, Basilikum, Kümmel, Enzian, Zwiebel
Augenentzündung	Augentrost, Eibisch, Leinkraut, Spitzwegerich
Bettnässen	Bärlapp, Johanniskraut, Schafgarbe, Mistel
Blähungen	Dill, Kümmel, Pfefferminze, Wermut
Blasenbeschwerden	Weide, Bärentraube, Sellerie, Löwenzahn
Blinddarmreizung	Thymian, Brombeere
Brechreiz	Schöllkraut, Pfefferminze
Bronchitis	Fichte, Holunder, Sonnenhut, Thymian, Zwiebel
Darmkatarrh	Apfel, Enzian, Kalmus, Kamille, Mistel, Linde
Darmträgheit	Rote Johannisbeere, Tausendgüldenkraut
Durchblutungsstörungen	Ackerschachtelhalm, Rosmarin, Weißdorn
Durchfall	Brombeere, Eibisch, Süßholz, Leinsamen
Einschlafstörungen	Baldrian, Hopfen, Passionsblume, Melisse
Ekzeme	Apfel, Birke, Kamille, Malve, Odermennig
Erbrechen	Weinrebe, Dill, Linde, Eiche
Erkältung	Eukalyptus, Hagebutte, Sonnenhut, Zwiebel
Erschöpfung	Apfel, Johanniskraut, Holunder, Melisse
Fingernägel, brüchige	Zinnkraut, Hirse, Zitrone
Flechten	Brennnessel, Kamille, Brombeere, Klette
Frauenleiden	Eisenkraut, Frauenmantel, Hirtentäschel, Melisse
Frühjahrsmüdigkeit	Sellerie, Holunder, Löwenzahn, Heidelbeere
Gallenbeschwerden	Artischocke, Beifuß, Rettich, Schöllkraut, Wermut
Gastritis	Königskerze, Kamille, Johanniskraut, Salbei
Gerstenkorn	Leinsamen, Zinnkraut, Kamille
Gliederschmerzen	Odermennig, Majoran
Grippaler Infekt	Eibisch, Holunder, Kamille, Sonnenhut, Thymian
Haarschuppen	Brennnessel
Halsschmerzen	Salbei, Eichenrinde, Zwiebel, Fenchel, Weizen
Hämorrhoiden	Rosskastanie, Bärlapp, Kamille, Quecke, Eiche
Handschweiß	Kamille, Weide, Eiche
Harnwegsinfektion	Heidelbeere, Bärentraube, Preiselbeere
Hautausschlag	Wegwarte, Birke, Brennnessel, Kamille, Klette
Heiserkeit	Fenchel, Apfel, Pfefferminze, Stiefmütterchen
Heuschnupfen	Heckenrose, Leinsamen, Augentrost, Linde
Husten	Fenchel, Holunder, Thymian, Zwiebel
Insektenstiche	Anis, Eibisch, Hauswurz, Zwiebel, Salbei
Keuchhusten	Fenchel, Himbeere, Rettich, Spitzwegerich

Beschwerden und Heilpflanzen von A bis Z

Info

Beschwerden	Heilkräuter, die helfen (Auswahl)
Kopfschmerzen	Johanniskraut, Baldrian, Lavendel, Rosmarin
Krampfadern	Arnika, Mistel, Rosskastanie, Ziest, Majoran
Kreislaufstörungen	Hirtentäschel, Mistel, Rosmarin, Weißdorn
Kreuzschmerzen	Brennnessel, Baldrian
Leberbeschwerden	Artischocke, Kamille, Mariendistel, Schöllkraut
Lippenherpes	Odermennig, Klette
Magen, verdorbener	Apfel, Pfefferminze, Gänsefingerkraut, Fenchel
Magenbeschwerden	Pomeranze, Melisse, Hopfen, Majoran
Menstruationsbeschwerden	Frauenmantel, Tausendgüldenkraut, Wermut
Migräne	Baldrian, Schwarze Johannisbeere, Lavendel
Mundgeruch	Petersilie, Wermut, Erdbeere, Dill, Wacholder
Muskelkater	Majoran, Gänseblümchen
Nagelbettentzündung	Kamille, Arnika, Zwiebel
Nasenbluten	Schafgarbe, Bärlapp, Hirtentäschel, Mistel
Nervosität	Johanniskraut, Hopfen, Lavendel, Melisse
Nierenbeschwerden	Hagebutte, Brennnessel, Wacholder, Zinnkraut
Ohrenschmerzen	Veilchen, Ysop, Spitzwegerich, Hauswurz, Anis
Prostatabeschwerden	Kürbiskern, Goldraute, Alpenrose
Rheumatische Beschwerden	Beinwell, Apfel, Arnika, Raute, Salbei, Schafgarbe
Schlafstörungen	Baldrian, Brombeere, Hopfen, Waldmeister, Dill
Schmerzen	Arnika, Johanniskraut, Safran, Thymian, Weide
Schnupfen	Majoran, Schafgarbe, Pfefferminze, Holunder
Schüttelfrost	Heublume
Schweißfüße	Eiche, Kamille, Weide, Hafer
Schwindel	Knoblauch, Johanniskraut, Lavendel, Schafgarbe
Seitenstechen	Salbei, Baldrian, Johanniskraut
Sodbrennen	Brennnessel, Sauerklee, Wermut, Wacholder
Sonnenbrand	Rosskastanie, Johanniskraut
Übelkeit	Nelkenwurz, Artischocke, Pfefferminze
Unruhe, nervöse	Kamille, Anis, Thymian
Venenleiden	Ringelblume, Rosskastanie, Arnika
Verdauungsbeschwerden	Enzian, Heidelbeere, Hopfen, Kümmel, Wermut
Verstopfung	Flohsamen, Leinsamen, Faulbaumrinde
Völlegefühl	Mistel, Rosmarin, Schafgarbe, Wegwarte, Wermut
Wadenkrampf	Hauhechel
Wechseljahrebeschwerden	Frauenmantel, Herzgespann, Johanniskraut
Wundheilungsstörung	Arnika, Hirtentäschel, Kamille, Ziest, Zinnkraut
Zahnfleischentzündung	Sanddorn, Kamille, Salbei, Zinnkraut
Zahnschmerzen	Hauhechel, Kalmus, Kamille, Pfefferminze, Bärlapp
Zungenbelag	Wermut

Die Abkochung

Abkochungen werden meistens von Holz-, Rinden- oder Wurzelstücken hergestellt. Hierzu wird die im Rezept angegebene Menge mit kochendem Wasser übergossen und ca. 30 Minuten kurz vor dem Sieden gehalten, bis man den Sud schließlich abseihen kann.

Kaltmazerat und Tinktur

Kaltmazerate sind Auszüge, die man bei Raumtemperatur und nur von wenigen Pflanzen herstellt – entweder um eine bessere Verträglichkeit zu erreichen (z. B. bei Bärentraubenblättern) oder um bei stärkehaltigen Kräutern eine Verkleisterung zu vermeiden (z. B. bei der Eibischrinde).

Dazu werden die zerkleinerten Pflanzen mit kaltem Wasser übergossen und ca. 8 Stunden stehen gelassen, wobei man gelegentlich umrührt. Danach wird abgeseiht. Man sollte den Kaltauszug vor dem Trinken aber kurz aufkochen, um eventuelle mikrobiologische Verunreinigungen zu beseitigen.

Die Flüssigkeit von Tinkturen besteht aus 75 % Wasser und 25 % Alkohol. Sie entzieht den Kräutern die Heilstoffe, die in Wasser allein nicht löslich sind.

Die Wirkung des Mondes auf die Körperregionen

Während seines Erdumlaufs hält sich der Mond für jeweils zwei bis drei Tage in einem der zwölf Tierkreiszeichen auf. Jedem von diesen wird ein bestimmter Körperbereich und ein Organsystem zugeordnet, die an den betreffenden Tagen besonders beeinflusst werden und entsprechend auf belastende wie auch auf heilende Maßnahmen reagieren. Alles, was diese Bereiche besonders belastet oder schädigt, wirkt intensiver als an anderen Tagen. Auch die latenten Risiken für diese Zonen sind jetzt größer. Alles, was man für die Schonung, Stärkung und Heilung dieser Bereiche tut, wirkt aber auch wohltuender, stärker und heilsamer als sonst.

Wer sich also kontinuierlich ein gutes Körpergefühl sichern möchte, sollte sich durchaus den Mond zum »Berater« nehmen und etwas bewusster im Rhythmus der Natur leben. Das hilft sehr gut dabei, gewisse Gesundheitsrisiken herabzusetzen und somit vielerlei Beschwerden vorzubeugen.

Achtung Bedenken Sie aber grundsätzlich immer, dass konkrete gesundheitliche Probleme ohne Ausnahme in richtige ärztliche Behandlung gehören.

Der Mond im Widder

Dem Tierkreiszeichen Widder werden der Kopf, das Gehirn, die Augen und die Nase zugeordnet. Ebenso beeinflusst Widder die Sinnesorgane.

Wer häufiger unter Kopfschmerzen oder Migräne leidet, wird dies an den Widdertagen besonders deutlich spüren. Kritisch sind vor allem die Widdertage im März und April sowie im September und Oktober, wenn der Wechsel der Mondphasen sich bemerkbar macht. Schonung ist angesagt (bei Kopfschmerz auch ein Spaziergang an der frischen Luft) – und Vorsicht vor allem, was einen Migräneschub bewirken könnte. Das bezieht sich vor allem auf Genussmittel, wie Kaffee und Schokolade. Auch Konzentrationsschwächen können jetzt

vermehrt auftreten, aber relativ leicht behoben werden (siehe Seite 71 und 92).
Die Augen sind an Widdertagen besonders empfindlich. Sie werden schneller müde – und nicht nur dann, wenn man berufsbedingt viel am Computer sitzt. Sie reagieren noch intensiver auf verschmutzte Luft und erhöhte Ozonwerte. Da können gewisse Übungen oder Pflegemaßnahmen Abhilfe schaffen.
Für die Haarpflege sowie das Auflegen von Gesichtsmasken sind diese Tage ideal.

Der Mond im Stier

Das Sternzeichen Stier bestimmt den Hals, den Kehlkopf, die Schilddrüse, die Mandeln, die Zähne, den Kiefer, den Nacken und die Ohren. Als Organsystem wird von ihm der Blutkreislauf beeinflusst.
Wenn der Mond in diesem Zeichen steht, ist eine gewisse Heiserkeit keine Seltenheit. Und auch eine Erkältung hat man sich nun sehr schnell zugezogen. Besonders an kühlen und feuchten Stiertagen sollte man sich vor Hals- und Ohrenentzündungen schützen. Also vermeiden Sie jetzt unbedingt Zugluft, und vergessen Sie Schal sowie Mütze oder Hut nicht!
Aber noch ein ganz anderes Phänomen wird jetzt sehr häufig beobachtet: Der Gehörsinn reagiert an Stiertagen wesentlich empfindlicher als sonst. Deshalb wird Lärm als ganz besonders unangenehm empfunden. Meiden Sie daher möglichst größere Menschenansammlungen bzw. alle Orte, an denen mit sehr großer Lärmentwicklung zu rechnen ist!
Wer eine Tätigkeit im Sitzen ausführt, klagt nun auch vermehrt über Verspannungen im Nackenbereich – aber auch dagegen ist ein »Kraut« gewachsen (siehe Seite 91).

Der Mond in den Zwillingen

Vom Tierkreiszeichen Zwillinge werden die Schultern, die Arme und Hände sowie die Bronchien regiert. Als Organsystem werden die inneren Drüsen beeinflusst.
An Zwillingetagen ist vor allem für Rheumatiker besondere Vorsicht geboten. Und das nicht nur, weil die entsprechenden Körperregionen beeinflusst werden, sondern auch, weil das Wetter an diesen Tagen erfahrungsgemäß leicht umschlägt. Deshalb ist bei entsprechender Anfälligkeit durchaus mit einem Rheumaschub zu rechnen. Da heißt es also: Sich warm anziehen und notfalls zur Heilsalbe greifen, die an diesen Tagen besonders gut wirkt! Auch eine Bestrahlungsbehandlung ist nun günstig. Und noch ein Tipp: Lüften Sie an Wassertagen Ihre Bettwäsche nicht im Freien aus, sie zieht dann nämlich allzu viel Feuchtigkeit an.
Wer kein Rheuma hat, aber einfach seinem Schultergürtel etwas Gutes tun will, ist jetzt mit gymnastischen Übungen gut beraten – bei abnehmendem Zwillingemond zur Entspannung, bei zunehmendem zur Stärkung dieser Körperpartie (siehe Seite 91). Auf die Maniküre sollte man an Zwillingetagen zwar verzichten, für die aufbauende Hautpflege an Armen und Händen sind zunehmender Mond und Vollmond aber optimale Zeiten. Außerdem sind während dieser Tage Spaziergänge an der frischen Luft zu empfehlen – als wirksamer Beitrag zur Kräftigung der Bronchien und zur Steigerung des Wohlbefindens.
Und wenn die Bronchien einmal Ärger machen, trinkt man z. B. täglich 3 bis 4 Tassen Eibischtee: 4 Teelöffel der Wurzeln mit 1 Liter kaltem Wasser übergießen und abgedeckt mindestens 2 Stunden ziehen lassen.

Nicht immer gleich lospoltern! Wer selbst im Fall von Ärger gelassen reagiert, schont auch seinen Magen.

Der Mond im Krebs

Das Sternzeichen Krebs bestimmt die Brust, die Lunge sowie Magen, Leber und Galle. Auch das Nervensystem wird von ihm beeinflusst.
Wer einen schwachen Magen bzw. öfter Probleme mit Leber oder Galle hat, bekommt dies an Krebstagen unter Umständen deutlich zu spüren. Es ist also von großem Vorteil, an diesen Tagen mit Bedacht zu essen und zu trinken. Wenn Sie schwere Speisen meiden und auch bei Alkohol und Kaffee maßvoll bleiben, ist das Risiko geringer, unter lästigem Aufstoßen, Sodbrennen oder gar Magenkrämpfen zu leiden. Und der typische kleine Verdauungsspaziergang tut ein Übriges!
Falls Sie Leber und Galle einmal richtig entgiften wollen, z. B. durch eine Kur oder mit einer besonderen Diät, wählen Sie am besten immer die Zeit zwischen Juli und dem darauf folgenden Januar, weil dann der abnehmende Mond im Tierkreiszeichen Krebs steht.
Es ist zwar leichter gesagt als getan: Aber man sollte an Krebstagen nach Möglichkeit auch jedem Ärger aus dem Weg gehen (siehe hierzu die Aromatherapie auf Seite 70 und die Atemübungen auf Seite 80). Das bedeutet, im Falle von Problemen eher zur Deeskalation als zur Konfrontation beitragen! Denn Streit kann jetzt völlig entnerven und zudem gehörig auf den Magen schlagen.

Der Mond im Löwen

Das Tierkreiszeichen Löwe ist dem Rücken, dem Blutkreislauf, dem Herz, dem Zwerchfell und den Schlagadern zugeordnet. Es beeinflusst – wie Widder – auch die Sinnesorgane.
Massagen, die auf eine Stärkung bzw. Entspannung der Rückenmuskulatur abzielen, sind an Löwetagen natürlich besonders effektiv.
Menschen, die Probleme mit Herz oder Kreislauf haben, sollten sich an Löwetagen (besonders bei Vollmond) vor größeren körperlichen und auch seelischen Belastungen hüten. Dazu gehören auch strapaziöse Reisen, Umzüge und aufregende geschäftliche Vorhaben.
Aber auch gesunde Menschen, die ihren Kreislauf an diesen Tagen zu sehr belasten, müssen jetzt eventuell mit wachsender Unruhe und gestörtem Schlaf rechnen – besonders bei zunehmendem Mond und in Vollmondnähe. Eine bewährte Methode gegen Schwierigkeiten, ein- oder durchzuschlafen, ist übrigens die gute alte Anwendung eines Kräuterkissens (siehe Seite 41).
An Löwetagen, die prinzipiell als sehr trocken gelten und dadurch den Durst verstärken, sollte man dem Körper auch etwas Gutes tun, indem man sehr viel trinkt.

Der Mond in der Jungfrau

Das Sternzeichen Jungfrau bestimmt die Verdauungsorgane (vor allem Dünn- und Dickdarm), die Milz und die Bauchspeicheldrüse, den Stoffwechsel und die Nerven. Als Organsystem wird der Blutkreislauf beeinflusst – wie beim Stier.
Viele Menschen haben Verdauungsprobleme, die an Jungfrautagen häufig deutlicher zutage treten als sonst. Leichte, vor allem fettarme Gerichte sollten deshalb an diesen Tagen auf dem Speiseplan stehen. So sind beispielsweise Rohkost oder Sauerkraut zu empfehlen. Aber auch mit einem reinen Safttag ist jetzt gut beraten, wer in diesem Bereich anfällig ist und Beschwerden vermeiden möchte.
Wer eine Blutreinigungskur machen will (siehe Seite 79), die dem gesamten Organismus und vor allem auch der Bauchspeicheldrüse sehr zugute kommt, sollte an Jungfrautagen bei abnehmendem Mond Brennnesseln sammeln, daraus einen Tee bereiten und trinken. Diese Pflegemaßnahme kann man auch gut jedes Frühjahr zur Vorbeugung einplanen.

Der Mond in der Waage

Die ableitenden Organe, also Nieren und Blase, sowie der Hüftbereich werden durch das Tierkreiszeichen Waage bestimmt, ebenso das Drüsensystem – wie bei den Zwillingen.
Wer unangenehme und oft sehr schmerzliche Schwierigkeiten mit Nieren und Blase bis hin zu einer Nierenbeckenentzündung vermeiden will, sollte sich an Waagetagen unbedingt vor Unterkühlung schützen. Besonders vermeiden sollte man das Sitzen auf kaltem Erdboden oder im feuchten Gras. Wenn Sie vorbeugen wollen, trinken Sie reichlich, um Ihre Nieren und die Blase gut durchzuspülen. Am Nachmittag, gegen 15 bis 17 Uhr, wirkt das besonders günstig, weil zu dieser Zeit die ableitenden Organe erfahrungsgemäß sehr aktiv arbeiten.
Zur Kräftigung des Beckenbodens sind entsprechende gymnastische Übungen (siehe Seite 89) an Waagetagen ziemlich erfolgreich – vor allem wenn der Mond zunimmt oder gerade Vollmond herrscht.

Die seelische Wellness

Die unterschiedlichen Impulse des Mondes – bedingt durch seine Phasen und seinen Stand im Tierkreis – wirken nicht nur auf den menschlichen Organismus, sondern beeinflussen auch das Seelenleben des Menschen. Der Mond macht aus uns zwar keine anderen Menschen. Aber unter seinem Einfluss können gewisse Anlagen in uns durchaus deutlicher oder abgeschwächt zum Tragen kommen.

Jeder Mensch vereinigt in sich verschiedenste Temperamente und Charaktereigenschaften zu jeweils mehr oder weniger großen Anteilen. Je nach Mondphase und -stand werden gewisse psychologische Veranlagungen in uns erfahrungsgemäß betont und aktiviert, andere hingegen eher unterdrückt. Wenn wir darüber Bescheid wissen, können wir unser Verhalten dementsprechend beeinflussen, uns schonen oder mehr aus uns herausholen, uns besser auf andere Menschen einstellen und letztlich einen wichtigen Beitrag zu unser aller Seelenfrieden leisten.

Beispielsweise wird jemand, bei dem eher das melancholische Temperament überwiegt, an Erdtagen noch ruhiger und zurückhaltender sein. Dagegen kann er dann an Feuertagen leichter aus sich herausgehen und bereit sein, etwas zu riskieren. Andererseits dürfte es falsch sein, einen Choleriker gerade an Feuertagen mit etwas zu behelligen und zu reizen. Erfahrungsgemäß wird er an einem Wasser- oder Erdtag leichter zugänglich und somit zu beeinflussen sein.

Hier gilt aber grundsätzlich: Wir sind den kosmischen Kräften des Mondes nicht ausgeliefert. Nicht sie bestimmen unseren Charakter und unsere Wirkung auf andere Menschen. Wir selbst haben es in der Hand, diese Kräfte zu nutzen, zu unserem eigenen Vorteil und zum Wohl anderer.

Die Wirkung des Monds auf unsere Stimmungen

Die vier Mondphasen prägen eher grundsätzliche Stimmungen mit aus – wie Aufbruch, Energiegeladenheit oder Ruhebedürfnis.

Jedes Tierkreiszeichen steht dagegen für ganz bestimmte Tendenzen, die zum Tragen kommen, wenn der Mond sich gerade in ihm befindet. Verfolgen Sie einmal die damit einhergehenden subtilen Verhaltensänderungen!

Die Stimmung bei Neumond ●

Die Neumondimpulse kann man als Kräfte der Neuorientierung, des Beginnens bezeichnen. Verstand und Gefühl halten sich nun die Waage. Man wird während dieser kurzen

Mondphase verstärkt dazu angeregt, Vorhaben zu planen, die in der Folgezeit dann umgesetzt werden sollen.

Neuer Schwung …

Einerseits verleihen die Impulse des Neumonds der Psyche neue Kraft. Sie können dabei helfen, geistige Trägheit zu überwinden, Selbstvertrauen zu schöpfen und den Mut zu finden, Altes zu überwinden und Neues mit Elan anzugehen. Wer Ordnung in seine Gedanken und Gefühle bringen will, wer Veränderung anstrebt, der findet in der Zeit des Neumonds oft auch die Motivation, damit zu beginnen. Denn jetzt stehen alle Sinne auf Empfang!

… und alte Last

Andererseits sind die körperlichen Kräfte während dieser Mondphase in aller Regel etwas geschwächt. Dieser Zustand kann die Entwicklung der seelischen Verfassung zunächst einmal behindern, weil er erst im Verlauf des zunehmenden Mondes überwunden wird.

Die Stimmung bei zunehmendem Mond

In der Phase des zunehmenden Mondes steht alles im Zeichen von Aufnahme und Wachsen. So wie dem Körper nun neue Kräfte zuströmen, so wird auch immer mehr die Seele gestärkt. Dadurch wächst das Selbstbewusstsein ebenso wie die Entschlusskraft, Vorsätze und Pläne konsequent zu verwirklichen.

Das erste Viertel

Die insgesamt positive Entwicklung während des zunehmenden Mondes vollzieht sich im ersten Viertel allerdings eher schleppend, was mit der Erschöpfung um Neumond zusammenhängt. Dieser Zustand erreicht seinen Höhe- und zugleich Endpunkt bei zunehmendem Halbmond. Dann stehen Mond und Sonne in einem ziemlich spannungsreichen Aspekt zueinander, woraus sich durchaus auch seelische Konflikte ergeben können: z. B. zwischen Wollen und Können, zwischen dem eigenen Anspruch und den Interessen anderer. Dann kann es passieren, dass die innere Spannung nach außen abgeleitet wird: Man neigt zur Aggressivität und nimmt nicht immer Rücksicht auf seine Mitmenschen.

Das zweite Viertel

Ist der Zeitpunkt des zunehmenden Halbmonds überschritten, dominieren immer mehr Optimismus und Zuversicht, der Geist ist rege und sehr aufnahmefähig. Wenn der zunehmende Mond nur noch wenige Tage von seinem Vollmondstadium entfernt ist, wird einiges von dem, was behindert, überwunden und so manches erreicht. Aber jetzt nimmt eine gewisse innere Unruhe zu, und man ist nicht mehr so konzentriert wie zuvor. Dabei sind die Emotionen besonders stark; oft gelingt es, die eigenen Gefühle zu beherrschen und die anderer zu akzeptieren – aber leider nicht immer!

Die Stimmung bei Vollmond

Die Impulse des Mondes sind nie so deutlich zu spüren wie in der Vollmondphase. Es ist die Zeit starker positiver, aber oftmals auch negativer Gefühle.

Intensiveres Seelenleben …

Die Zeit starker Gefühle, die der Vollmond mit sich bringt, hilft vielen Menschen dabei, leichter den Weg zum eigenen Ich, zum Unterbewussten zu finden und dadurch bereits länger schwelende seelische Konflikte zu erkennen. Wer jetzt beispielsweise die Ruhe findet, um zu meditieren, wird sich selbst ein großes Stück näher kommen. Andere berichten von besonders eindrucksvollen Träumen und Visionen während dieser Zeit. Und auch das Schlafwandeln, das besonders bei Kindern häufiger zu beobachten ist, ereignet sich fast ausschließlich bei Vollmond.

Wieder andere empfinden die Anspannung und Energie der Vollmondzeit als anregend und aktivierend, vor allem in sexueller Hinsicht. Für sie ist dann eine Liebesnacht im romantischen Mondschein das größte Glück.

... und Explosion der Gefühle

Der Richtungswechsel von Aufnahme zu Abgabe, der sich mit dem Vollmond jäh bemerkbar macht, beeinflusst die Stimmung oft stärker, als man es wahrhaben will. Der Mensch reagiert auf diese Energien nicht selten mit Unruhe und Nervosität. Deshalb passiert es nun auch häufiger, dass einem die Emotionen »durchgehen«. Man neigt zu extremen Äußerungen oder Handlungen, über die man sich dann später wundert oder die man sogar bereut. Wer sich also leicht zu unbedachtem Verhalten hinreißen lässt, sollte besonders jetzt versuchen, seine Gefühle unter Kontrolle zu halten.

Neueste Untersuchungen in den USA haben wieder einmal bestätigt, dass bei Vollmond neben der Neigung zu Aggressionen auch der Alkoholkonsum und die Bereitschaft, den Partner zu betrügen, ansteigen. Zudem werden nach wie vor überdurchschnittlich viele Unfälle, Gewaltverbrechen und Selbstmorde registriert.

Die Stimmung bei abnehmendem Mond

Die Impulse des abnehmenden Mondes sind auf Abgabe, das Freisetzen von Kräften und Energien gerichtet. Diese Phase hilft dabei, sich von Zweifeln und Ängsten zu befreien.

Das dritte Viertel

Jetzt verfügt man voll über das, was man während des zunehmenden Mondes an Energie aufgenommen hat. Der Organismus befindet sich in seiner Bestform, geistige Höchstleistungen gelingen viel müheloser, und auch sexuell herrscht nun die aktivste Zeit.

So wie der Körper bei abnehmendem Mond Kräfte freisetzt und den Leistungswillen unterstützt, so ist auch das Gefühlsleben besonders extrovertiert. Man fühlt sich jetzt nicht so leicht reizbar. Die Kommunikation ist lebendiger, Anteilnahme und Hilfsbereitschaft sind größer, man gibt und ist auch bereit zu empfangen. Die Seele ist entspannt und aufnahmebereit für musische und spirituelle Impulse.

Das letzte Viertel

Gegen Ende dieser Phase beginnt eine Zeit des Ruhigerwerdens, des Sichsammelns, der Bilanzierung und der Orientierung auf den neuen Zyklus hin. Oft hat man bereits wenige Tage vor Neumond den Eindruck, dass die (auch seelische) Energie merklich abnimmt.

Eine Persönlichkeit, viele Temperamente

Anhand der vier Trigonen teilt man auch grundlegende menschliche Charakteristika ein. Da jeder Mensch diese Temperamente und Eigenschaften mehr oder weniger in sich versammelt, werden an den jeweiligen Tagen gerade die Stimmungsaspekte verstärkt, die dem Urelement entsprechen, dessen zugeordnete Tierkreiszeichen der Mond gerade durchläuft.

Die Grundstimmung an Feuertagen

Auf die Feuertrigone (Widder, Löwe, Schütze) bezieht man die Eigenschaften »warm« und »trocken«.
Sie entsprechen einem leicht aufbrausenden (cholerischen) Temperament. Die entsprechenden körperlichen Reaktionen sind spontan, schnell und markant, die Erkenntnisfähigkeit ist sehr hoch. Charakterlich auffallend sind Energiegeladenheit, Mut und Pioniergeist. Die aktive Handlungsfähigkeit ist sehr ausgeprägt. Aber auch Ungeduld, Übereifer und mangelnde Vorsichtigkeit kommen zum Tragen.

Die Grundstimmung an Erdtagen

Die Erdtrigone (Stier, Jungfrau, Steinbock) steht für »trocken« und »kalt«.
Dem entspricht ein eher melancholisches, beständiges Temperament. Damit verbunden sind langsame, aber starke und nachhaltige körperliche Reaktionen. Dazu kommen solche Charaktereigenschaften wie Umsichtigkeit, Treue und Beharrlichkeit. Negativ können übertriebene Ängstlichkeit und eine gewisse Starrköpfigkeit wirken.

Die Grundstimmung an Lufttagen

Der Lufttrigone (Zwillinge, Waage, Wassermann) ordnet man die Attribute »warm« und »feucht« zu.
Diese Eigenschaften weisen auf ein sanguinisches, also ein lebhaftes, leichtes Temperament hin. Typisch dafür sind rasche, lebhafte Körperreaktionen und eine gute Auffassungsgabe. Als charakterliche Merkmale gelten hier Lebhaftigkeit, Empfänglichkeit sowie rasche Begeisterungsfähigkeit. Dazu können aber auch nervöse Unruhe, Reizbarkeit und eine gewisse Unbeständigkeit gehören.

Die Grundstimmung an Wassertagen

Mit der Wassertrigone (Krebs, Skorpion, Fische) werden die Eigenschaften »feucht« und »kühl« verbunden.
Sie entsprechen dem phlegmatischen Temperament. Dies äußert sich in relativ langsamen und verhältnismäßig schwachen körperlichen Reaktionen. Als besondere Charaktereigenschaften gelten starkes Einfühlungsvermögen, eine lebhafte Phantasie, Toleranz sowie der Hang zur Schwärmerei und Träumerei. Auf der anderen Seite findet man aber auch übergroße Empfindlichkeit, überschießende Gefühle und Lebensangst.

Tierkreiszeichen und Befindlichkeit

Neben den über die Urelemente wirkenden Impulsen gehen von jedem Tierkreiszeichen noch andere Einflüsse aus, die letztlich unsere geistig-seelische Verfassung mitbestimmen können. Diese Impulse kann man meist nicht unmittelbar wahrnehmen, doch unbewusst lässt man sich oft von ihnen leiten.

Die Stimmung an Widdertagen

Der Mond im Widder vergrößert das Selbstvertrauen und verleiht die nötige Tüchtigkeit.
An diesen Tagen glänzt man mit einem scharfen Verstand und handelt meist sehr spontan, aber

ebenso verantwortungsbewusst. Aufgrund von genügend Durchsetzungsvermögen und Energie fällt es ziemlich leicht, neue und vor allem schwierige Projekte anzupacken.

Die Stimmung an Stiertagen

Der Stiermond fördert wesentlich das seelische Gleichgewicht.

Besonders an Stiertagen ist man immer sehr bestrebt, Besitz und vor allem Geld zu bewahren bzw. zu vermehren. Die Befriedigung des Sicherheitsbedürfnisses, das Festhalten an allem Gewohnten sowie der Beweis von Treue und Hilfsbereitschaft sind ungemein wichtige Werte. Zudem steht an den Stiertagen grundsätzlich auch der Genuss von allem, was die Sinne erfreut, im Vordergrund.

Die Stimmung an Zwillingetagen

Der Mond in den Zwillingen verleiht kommunikative Fähigkeiten, macht aufgeweckt und wissbegierig.

Man sucht an Zwillingetagen vor allem neue Erfahrungen und Eindrücke. Diese Tage sind außerdem sehr günstig für Fortbildung und Forschung.

Die Stimmung an Krebstagen

Der Krebsmond fördert die Entfaltung der sensiblen und schönen Seiten im Menschen.

Das Gefühl ist jetzt in aller Regel stärker als der Verstand. Vor allem die Sehnsucht nach Gebor-

Schönes Wetter und eine prachtvolle Tafel im Grünen – besonders an Stiertagen weiß man das zu schätzen.

genheit – ob zu Hause oder im Freundeskreis – ist sehr groß. Zudem ist nun die Gelegenheit, richtig zu entspannen, besonders günstig.

Die Stimmung an Löwetagen

Der Mond im Löwen verleiht ein starkes Selbstbewusstsein und viel Mut.

Der Wunsch nach genügend Freiraum für das Ausleben von Kreativität und die Selbstdarstellung wird jetzt ziemlich zentral. Außerdem stehen Löwetage im Zeichen einer ausgeprägten Lebenslust – anderen gegenüber ist man aber auch sehr großzügig!

Die Stimmung an Jungfrautagen

Der Mond in der Jungfrau vergrößert das Verantwortungsbewusstsein und die analytischen Fähigkeiten.

Die Unermüdlichkeit bei der Pflichterfüllung, ein gewissenhafter Blick für Details, großes Organisationstalent und viel kritische Distanz prägen vor allem das Berufs-, aber auch das Privatleben dieser Tage.

Die Stimmung an Waagetagen

Der Waagemond entfacht besonders großes Verlangen nach Harmonie und Liebe.

An Waagetagen hat man ein sehr großes Bedürfnis nach Ausgleich – in beruflichen wie auch privaten Belangen. Wenn irgendwo etwas nicht stimmt, bemüht man sich nun mit seiner ganzen Diplomatie darum, das zu ändern. Außerdem wird jetzt besonders der Sinn für alles Schöne angeregt. So isst z. B. bei den Mahlzeiten immer das Auge mit.

Die Stimmung an Skorpiontagen

An Skorpiontagen herrschen starke Energien vor: Impulsivität, Leidenschaft, aber auch Misstrauen, Streit- und Rachsucht bestimmen diese Zeit.

Man ist von Ehrgeiz getrieben und bereit, Neues zu erleben. Jetzt kann man leichter mit wesentlichen Veränderungen fertig werden. Und es fällt auch nicht ganz so schwer wie sonst, auf zentral gewordene Gewohnheiten zu verzichten, selbst wenn dies mit großen Opfern verbunden ist.

Die Stimmung an Schützetagen

Der Mond im Schützen verleiht Temperament und Feuer.

Man ist an Schützetagen ruhelos, durchaus auch etwas unbeständig und sehr flexibel. Die Reiselust und die Sehnsucht nach dem Fremden sind besonders ausgeprägt. Aber auch die Fähigkeit, endlich eine in der Familie oder am Arbeitsplatz fällige Aussprache zu führen und eventuelle Streitigkeiten zu schlichten, ist jetzt größer. Das Motto lautet: Nur nicht herumsitzen und warten!

Die Stimmung an Steinbocktagen

An Steinbocktagen haben Regeln, Ordnung, Disziplin und Verantwortung die größte Bedeutung.

Auch sehr hoch gesteckte Ziele kann man jetzt meistens leichter erreichen, weil jede Arbeit mit Zielstrebigkeit und Fleiß in Angriff genommen wird. Freizeit und Lebensgenuss sind dagegen zweitrangig. Für ein erfülltes Privatleben bleibt eher selten der nötige Raum.

Die Stimmung an Wassermanntagen

Wenn der Mond im Wassermann steht, rückt einerseits das Bedürfnis nach Kontakt in den Mittelpunkt, andererseits besteht ein großes

Interesse an genügend Freiraum, um konsequent seinen Individualismus auszuleben.
Das gemeinsame Erleben in der Gruppe, der Beweis freundschaftlicher Treue, soziales Engagement oder aber das Umsetzen von eigenbrötlerischen Vorstellungen kann daher die Wassermanntage ausmachen.

Die Stimmung an Fischetagen ♓

Der Fischemond macht vor allem kreativ, sehr einfühlsam und besonders nachdenklich.
Während der Fischetage erfolgt oft ein Rückzug in die Familie, zum Partner oder in sich selbst. Das Bedürfnis nach spiritueller Erfahrung einer Begegnung mit dem Ich ist nun nämlich intensiver ausgeprägt als sonst. Zudem ist die Realität oftmals einer ausdrucksstarken Phantasie- und Traumwelt untergeordnet.

Mond, Kommunikation und Sexualität

Das Gelingen oder Scheitern eines zwischenmenschlichen Kontakts und darüber hinaus einer Freund- bzw. Partnerschaft hat wenig mit dem Mond zu tun. Es geht hier vor allem um die Ansprüche und Gefühle zweier Menschen, die miteinander zurechtkommen wollen. Aber da der Mond auf jeden Einzelnen von uns wirkt, überträgt sich diese Wirkung auch auf unsere Beziehungen. Dieser Einfluss hängt zu einem gewissen Teil von den Mondphasen ab. Er gründet sich aber hauptsächlich auf die Impulse der Tierkreiszeichen.
Die folgenden Ausführungen zeigen, mit welchen Stimmungen zu den jeweiligen Zeiten zu rechnen ist. Danach sollten Sie Ihren Umgang mit den anderen nicht gerade planen, doch Sie können sich mit diesem Wissen auf manches besser einstellen. So gibt es z. B. Tage mit einer besonders aggressiven Atmosphäre – da ist es ratsam, keine heiklen Themen klären zu wollen. Sie nutzen dann besser einen Tag mit harmonischer Grundstimmung, um Streit zu beenden.

Mondphasen, Kommunikation und Libido

Die Mondphasen haben vor allem einen nicht zu unterschätzenden Einfluss auf die erotischen Bedürfnisse und das Sexualverhalten.

Bei Neumond ●

In der Neumondzeit gewinnt man neues Selbstvertrauen, nun wächst aber auch wieder das Vertrauen in die anderen. Man denkt vermehrt daran, auch in seinen Beziehungen zum Umfeld das eine oder andere zu verändern. Man ist neugierig, interessiert und stellt seine Antennen auf Empfang. Jetzt, wenn sich Körper und Seele nicht gerade in Hochform befinden, ist allerdings auch die Libido relativ gering.

Bei zunehmendem Mond ◐

In dieser Mondphase purzeln die Gefühle oft nur so durcheinander. Jetzt ist es mitunter schwierig, die eigenen Wünsche und die Ansprüche der anderen unter einen Hut zu bringen. Spannungen und Konflikte sind daher in der Folge keine Seltenheit. Vor allem in der zweiten Phasenhälfte des zunehmenden Mondes wird das sexuelle Verlangen zunehmend größer und auch fordernder, je näher der Vollmond rückt.

Bei Vollmond

Jetzt kann man sich vor allem selbst sehr intensiv erleben, intensiver als sonst in sein Unterbewusstsein eindringen. Das Verhältnis zu den anderen ist aber oftmals gespannt bis aggressiv. An und um Vollmond spürt man häufig eine sehr stürmische Begierde nach körperlicher Liebe; vor allem in den Nächten werden heftige Triebe geweckt.

Bei abnehmendem Mond

Während dieser Phase fühlt man sich zunehmend extrovertiert. Die Kommunikation wird wieder lebendiger, harmonischer. Man ist vermehrt bereit, auch zu geben. Gegen Ende dieser Mondphase igelt man sich allerdings schon wieder etwas ein. Bei abnehmendem Mond legen sich die wilden Leidenschaften allmählich wieder; die Liebe wird dann umso zärtlicher und sanfter, je mehr sich die Mondsichel verkleinert.

Mondstand, Kommunikation und Libido

Jedes Tierkreiszeichen steht für ganz bestimmte kommunikative Eigenschaften und sexuelle Energien, die zum Tragen kommen, wenn der Mond sich gerade in ihm befindet.

Bei Mond im Widder

An Widdertagen wird man von viel Enthusiasmus geleitet, der jedoch oft nur sehr kurzlebig ist. Man hat jetzt auch ein erhöhtes Kontaktbedürfnis. Allerdings besteht auch die Gefahr von plötzlicher Gereiztheit, mangelndem Einfühlungsvermögen und Rücksichtslosigkeit! In der Partnerschaft kommt daher oft der pure Egoismus und Starrsinn zum Tragen.

Man empfindet große Lust, neue Bekanntschaften zu schließen, zu flirten und zu erobern, weil auch die sexuelle Energie erhöht ist. Da nimmt man schon mal die eine oder andere Gelegenheit wahr, ohne zuerst an den Morgen danach zu denken. Denn Sex wird häufig als rein sportiver Akt verstanden!

Bei Mond im Stier

Beharrlichkeit ist nun der wichtigste Impuls. Deshalb möchte man für das Privatleben auch nur Entscheidungen treffen, die dann nicht mehr rückgängig gemacht werden müssen. Das Harmoniebedürfnis, aber auch das Harmonieempfinden dominiert, weshalb an Stiertagen bevorzugt Hochzeiten abgehalten werden bzw. ein ausgeprägter Familiensinn herrscht. Häufig nutzt man die Gelegenheit, um gemeinsame Zukunftspläne zu schmieden. Das Gemeinschaftsgefühl ist sogar so stark, dass manchmal auch Eifersucht aufkommen kann.
Man ist sehr sinnlich, aber Sexualität will man nicht spontan, sondern eher im Rahmen eines kultivierten Gesamtereignisses erleben – z. B. nach einem schönen Essen zu zweit. Überzeugte Singles aufgepasst: Aus einem Date am Stiertag kann leichter als sonst eine feste Bindung werden!

Bei Mond in den Zwillingen

Bahnbrechendes Handeln ist an diesen Tagen nicht angesagt. Aber an einem Austausch von Gedanken und Ideen ist man sehr interessiert, man schätzt intensive Gespräche, die einander (wieder) näher bringen. Deshalb besteht viel Sinn für die Familie, das Festigen von Freundschaften oder das Schließen von neuen Bekanntschaften. Das Feiern von Festen und Familienbesuche sind jetzt also optimal!

An den Zwillingetagen herrscht großes partnerschaftliches Vertrauen. Klarheit und Wahrheit gelten in der Beziehung als besonders wichtige Werte. Sex ist nun eher zweitrangig und wird oft nur flüchtig und unverbindlich praktiziert. Es kann passieren, dass eine nächtliche Eskapade am nächsten Morgen auch schnell wieder vergessen ist.

Bei Mond im Krebs

Empfindsamkeit, eventuell auch Überempfindlichkeit zeichnet Krebstage aus. Man ist durchaus daran interessiert, Bekanntschaften zu pflegen. Aber noch lieber zieht man sich in den ganz privaten Bereich zurück – in die Familie oder die Partnerschaft, wo das Bedürfnis nach Geborgenheit befriedigt wird. Familienbesuche und das Regeln von Familienangelegenheiten sind jetzt günstig.
An Krebstagen empfindet man sehr oft auch das Bedürfnis, den Partner ganz besonders zu verwöhnen und zu umsorgen, beispielsweise bei einem Essen zu zweit. Stimmungsvolle Atmosphäre ist eine unverzichtbare Voraussetzung für das Aufkommen von prickelnder Erotik: Bei der »schönsten Sache der Welt« beweist man sehr viel Phantasie. Sex ohne Zärtlichkeit ist allerdings tabu.

Bei Mond im Löwen

Lebensfreude sowie Selbstdarstellung heißen jetzt die Mottos. Deshalb braucht man den Kontakt zu anderen – ob bei einem Familienbesuch oder auf einem Fest.
Außerdem ist die Erotik jetzt ein ganz wichtiges Thema: Man hat romantische Gefühle, möchte flirten und verführen (z. B. mit raffinierten Düften), ist getrieben von Leidenschaft, aber auch von Zärtlichkeit. Beim Sex möchte man das Spiel unbedingt dominieren! Starke Gefühle beherrschen auch die Partnerschaft: Man empfindet Beschützerinstinkte, die sich leicht zu übertriebenen Besitzansprüchen entwickeln und in leider auch große Eifersucht münden können.

Bei Mond in der Jungfrau

Misstrauisches Beobachten und Abwägen macht die stimmungsmäßig eher unterkühlten Jungfrautage aus. Einerseits besteht durchaus Kontaktbedürfnis, andererseits aber auch die Tendenz zum Rückzug. In Partnerschaft wie Familie läuft alles relativ routiniert ab. Im Prinzip geht jetzt jeder seinen eigenen Angelegenheiten nach. Wenn man das richtige Maß an Nähe und Distanz findet, ist alles in Ordnung. Aber Kritik kann überdurchschnittlich schnell zu Streit führen. Daher ist in dieser Hinsicht unbedingt Zurückhaltung angebracht.
Sexualität ist kein wichtiges Thema. Man ist eher ein bisschen prüde und auch ängstlich – vor allem, wenn die Bedingungen für eine ungestörte Zweisamkeit nicht hundertprozentig gegeben sind.

Bei Mond in der Waage

An Waagetagen ist Harmonie das Allerwichtigste. Meistens herrscht eh eine sehr friedliche Stimmung. Und falls nicht, ist einem kein Aufwand zu viel, um das zu ändern – oft mit großem diplomatischem Geschick. Freundschaften pflegen, neue Freunde gewinnen, auch mal eine Romanze erleben – das wird nun besonders groß geschrieben!
Für alle, die fest gebunden sind, ist die Familie bzw. die Partnerschaft jetzt ganz zentral: Es kommt vor allem darauf an, viel Verständnis für den Partner zu haben, auf seine Wünsche

Aufgepasst! An Skorpiontagen bekommt man sich leider schneller in die Haare, als man sich vielleicht vorstellen kann.

und Vorstellungen genau einzugehen. Gelingt das, wird die Liebe noch intensiver. Leidenschaftliche Erotik gibt es an diesen Lufttagen eher nicht, vielmehr wird Sex stilvoll zelebriert. Die Voraussetzung dafür ist eine romantische Grundstimmung – z. B. bedingt durch ein Essen zu zweit bei Kerzenschein.

Bei Mond im Skorpion

An Skorpiontagen sind äußerst extreme und widersprüchliche Gefühle möglich: z. B. große Sensibilität anderen gegenüber, erhöhte eigene Verletzbarkeit, plötzliche Aggressionen und unkontrollierte Eifersucht. In einer Partnerschaft ist es vor allem nötig, diese Gefühle sowie die häufige Neigung zu besonders eigenwilligem Verhalten, Misstrauen und Kritik zu beherrschen.

Aber auch eine starke Sinnlichkeit prägt die Partnerbeziehung. Der Sex an Skorpiontagen kann von besonderem Reiz sein – leidenschaftlich, ja geradezu ekstatisch. Da gehen schon mal ganz geheime Wünsche in Erfüllung, indem man etwas ausprobiert, was jenseits des Alltäglichen liegt.

Bei Mond im Schützen

Jetzt ist der Blick nach vorn gerichtet. Man wird von der Sehnsucht nach Neuem und Unbekanntem umgetrieben. Deshalb fällt das Schließen von Bekanntschaften besonders leicht, wobei aus einer flüchtigen Begegnung ein zunächst unverbindlicher, dann aber sehr wichtiger Kontakt werden kann. Das Gespräch mit Freunden, dem Partner oder in der Familie spielt an Schützetagen eine äußerst bedeutende Rolle: Jetzt ist es einfacher, Missverständnisse auszuräumen, Streitigkeiten zu schlichten oder Pläne zu schmieden.

Wenn es um die Erotik geht, ist an den feurigen Schützetagen Abwechslung gefragt – allerdings weniger, was den Partner, sondern eher, was den Ort betrifft. Der Liebe wachsen jetzt geradezu Flügel, und so zieht es manch einen z. B. an den Busen der Natur.

Bei Mond im Steinbock

An den stimmungsmäßig unterkühlten Steinbocktagen geht man der Erfüllung seiner Pflichten nach – beruflich wie privat. Aufgrund einer gewissen Neigung zu Melancholie, Frustration und Kontaktangst gibt man sich oftmals verschlossen und verkriecht sich gerne in sich selbst. Auch der Schoß der Familie oder die Partnerschaft vermittelt da die nötige Geborgenheit, die man dann still genießen kann.

An diesen Erdtagen kommen aber auch oftmals Partnerschaftsprobleme, die immer wieder verdrängt wurden, an die Oberfläche. Aussprachen und Versöhnungsversuche sind dann meist ziemlich erfolgreich. Wenn von Sex an Steinbocktagen überhaupt die Rede sein kann, »absolviert« man ihn meist pflichtgemäß und ohne große innere Beteiligung.

Bei Mond im Wassermann

An diesen Lufttagen ist das Verhalten den anderen gegenüber vor allem von viel Vernunft geprägt. Man engagiert sich sozial oder pflegt Bekanntschaften. Nicht selten erwächst jetzt aus einer herzlichen Freundschaft eine ernsthafte Liebesbeziehung.

Wenn es um die gemeinsame Zukunft geht, findet man mit dem Partner an Wassermanntagen genug Gesprächsstoff und reichlich Übereinstimmung. Manchmal bemerkt man dabei aber auch, dass in der Partnerschaft vielleicht doch das eine oder andere nicht mehr so ganz stimmt, dass sich auf beiden Seiten etwas zu viel Eigensinn entwickelt hat. Bevor daraus ein echter Konflikt entsteht, sollte man versuchen, Kompromisse zu finden, um wieder die nötige Nähe herzustellen!

In erotischer Hinsicht ist an Wassermanntagen alles möglich und natürlich auch erlaubt. Die Voraussetzung ist selbstverständlich, dass jeder seine Freude daran hat.

Bei Mond in den Fischen

Besonders starke Gefühle – wie die Sehnsucht nach seelischer Harmonie und Zärtlichkeit – prägen die Fischetage. Diese Grundstimmung betrifft natürlich nicht nur die Partnerschaft, sondern auch den weiteren Familien- und Freundeskreis.

Man möchte zuallererst verstehen und verstanden werden, ist notfalls eher bereit zu geben, als zu nehmen.

Oft besteht aber auch eine Neigung zum Verkennen der Realität. Wer dann überfordert oder verschreckt wird, zieht sich schnell in seine Privatsphäre zurück, vielleicht sogar ganz in sich selbst.

Die Partnerschaft ist in aller Regel träumerisch und zärtlich, und auch die Erotik ist voller Gefühl. Man öffnet sein Herz, gibt sich ganz hin und genießt das Beglückende einer intensiv erlebten Sexualität. Was man jetzt empfindet, wirkt noch lange nach!

Kommunikation und Sexualität im Überblick

Die folgende Aufstellung fasst zusammen, was zu gewissen Mondterminen günstig oder weniger günstig ist bzw. mit welchen Stimmungen Sie an den jeweiligen Tagen zu rechnen haben. Danach sollten Sie Ihren Umgang mit den anderen Menschen nicht gerade planen. Doch Sie können sich mit diesem Wissen auf manches besser einstellen und Ihr Leben dadurch etwas leichter sowie erfolgreicher gestalten.

Bekanntschaften schließen

Günstig An Widder-, Zwillinge-, Waage- und Schützetagen

Behördengänge erledigen

Sehr günstig Bei abnehmendem Mond an Jungfrau- und Steinbocktagen
Günstig An Jungfrau- und Steinbocktagen
Weniger günstig Bei Vollmond

Berufliche Besprechungen abhalten

Sehr günstig Bei zunehmendem Mond an Widder-, Zwillinge-, Jungfrau- und Skorpiontagen
Günstig Bei zunehmendem Mond
Weniger günstig Bei abnehmendem Mond

Bewerbungs-, Vorstellungsgespräche führen

Sehr günstig Bei abnehmendem Mond, wenige Tage nach Vollmond
Günstig Bei abnehmendem Mond
Weniger günstig Bei zunehmendem Mond nicht empfehlenswert

Familienbesuche abhalten

Sehr günstig An Krebs-, Löwe- und Fischetagen

Flirten und erobern

Günstig An Widder- und Löwetagen

Freundschaft festigen

Günstig An Zwillinge-, Waage- und Wassermanntagen

Geschäftsbeziehungen ausbauen

Sehr günstig Bei abnehmendem Mond an Zwillinge-, Steinbock- und Wassermanntagen
Günstig An Zwillinge-, Steinbock- und Wassermanntagen

Geschäftsverhandlungen führen

Sehr günstig Bei zunehmendem Mond an Widder-, Schütze- und Wassermanntagen
Günstig An Widder-, Schütze- und Wassermanntagen
Weniger günstig Bei abnehmendem Mond an Krebs- und Fischetagen

Heiraten

Günstig An Stiertagen

Korrespondenz (geschäftliche und private) erledigen

Sehr günstig Bei abnehmendem Mond an Zwillinge-, Jungfrau- und Skorpiontagen
Günstig An Zwillinge-, Jungfrau- und Skorpiontagen
Weniger günstig Bei zunehmendem Mond an Krebs-, Schütze- und Fischetagen

Streitigkeiten schlichten

Günstig An Schütze- und Steinbocktagen

Zukunftspläne schmieden

Günstig An den Stier-, Schütze- und Wassermanntagen

Gereizte Stimmung
An Widder-, Jungfrau-, Skorpion- und Wassermanntagen

Harmonische Stimmung
An Stier-, Waage- und Fischetagen

Leidenschaftliche Stimmung
An Widder- und Löwetagen

Melancholische Stimmung
An Steinbocktagen

Romantische Stimmung
An Löwe- und Waagetagen

Sinnliche Stimmung
An Stier- und Skorpiontagen

Starke Gefühle
An Krebs- und Fischetagen

Zärtlichkeit
An Krebs-, Löwe- und Fischetagen

Zurückhaltung
An Steinbock- und Jungfrautagen

Der Mond und die Freizeit

Die Freizeit ist ein äußerst wichtiger Bereich im Leben eines jeden Menschen. Hier erholt man sich von den Anstrengungen des Berufes und anderer Verpflichtungen. Es ist wichtig, sich diese Zeit zu nehmen, in der man sich körperlich wie seelisch regenerieren und wieder Energie tanken kann.

Auf welche Weise dies geschieht, ist individuell verschieden. Die unterschiedlichen Bedürfnisse hängen vom jeweiligen Typ ab – und natürlich auch von äußeren Gegebenheiten wie Wetter oder Jahreszeit. Immer wenn man beispielsweise ein Fest oder einen Ausflug plant, sollte man einen Blick in den Mondkalender werfen. Denn dieser kann wertvolle Entscheidungshilfe leisten, um aus der wertvollen Freizeit das Beste zu machen und sie nicht womöglich zu verschwenden.

Witterung und Gemüt
Für einen Ausflug z. B. ist die auch vom Tierkreiszeichen des betreffenden Tages beeinflusste Witterung zu beachten. Fällt der geplante Ausflug auf einen Kältetag, sollte man keinesfalls warme Kleidung vergessen. Wärmetage hingegen sind dafür erfahrungsgemäß sehr günstig, auch wenn an Löwetagen häufig Gewitterneigung herrscht und deshalb ein Regenschutz ins Gepäck gehört.
Für Unternehmungen wie Kinobesuche oder Abende im Freundeskreis ist die Wirkung des jeweiligen Tierkreiszeichens auf die Tagesstimmung interessanter. Diese gibt Anhaltspunkte, wie man sich unter Umständen fühlen und verhalten wird. Solche Einflüsse sind in der Regel nicht unmittelbar zu spüren. Man kann eher sagen, dass sie vorhandene Neigungen leicht in eine bestimmte Richtung lenken. Versuchen Sie einmal, darauf zu achten!

Ausruhen, meditieren, träumen

Gleich zu Beginn dieses kleinen Mond-Freizeitführers soll es um das gehen, was viele in ihrer freien Zeit am liebsten machen möchten – mal so richtig ausspannen und die Seele baumeln lassen. Allerdings gelingt das nicht immer so, wie man es sich vorstellt. An manchen Tagen kommt man einfach nicht zur Ruhe; für andere Termine, an denen einem dann die Augen fast von selbst zufallen, hat man sich schon lange vorher etwas vorgenommen, das keine Zeit zum Ausruhen lässt. Warum also nicht auch die Erholung planen – und warum nicht mit dem Mond?

Wenn man einfach nur ausruhen und abschalten will, dann ist der zunehmende Mond die günstigste Phase, vor allem an Krebstagen. Weniger zur Ruhe kommt man bei abnehmendem Mond an den Feuertagen.

Für eine Zeit des Sichsammelns, der Meditation und des Tagträumens wählt man am besten Wassertage, optimalerweise auch bei zunehmendem Mond. Da gelingt es am besten, zu sich selbst zu finden, um danach den Herausforderungen des Alltags wieder mit neuen seelischen Kräften zu begegnen. Auch Vollmondtage können sehr gute Meditationstermine sein. Bei abnehmendem Mond an Widder-, Löwe- und Stiertagen sollte man sich diesbezüglich allerdings nicht allzu viel erwarten.

Wer den Zugang zum Spirituellen, zu religiösen oder auch esoterischen Welten, finden möchte, sollte sich bevorzugt an Fischetagen auf die Suche begeben.

Einen Ausflug, einen Spaziergang oder eine Reise machen

Wenn der Mond in Widder, Stier, Krebs, Jungfrau oder Schütze steht (vor allem bei abnehmendem Mond), zieht es einen ins Grüne, zum Wandern oder einfach nur zum Spazierengehen. Dafür weniger geeignet sind alle Skorpion- und Steinbocktage. An Stiertagen haben die Berge eine besondere Anziehungskraft. An Krebstagen ist ein Ausflug ans Meer, an den See oder entlang des Flussufers sehr reizvoll. An den beiden Feuertagen (Widder, Schütze) ist es von Vorteil, nicht den Picknickkorb zu vergessen.

Wenn es geht, sollte man Reisen an Widder-, Zwillinge-, Schütze- oder Wassermanntagen antreten, am besten bei abnehmendem Mond. Ein Reiseantritt bei zunehmendem Mond in Krebs, Steinbock oder Fische ist weniger zu empfehlen. Wenn der Mond in Zwillinge oder Schütze steht, ist es auch günstig, eine Kurzreise zu unternehmen. Außerdem ist der Schützemond erfahrungsgemäß für weite Flugreisen besonders angenehm.

Tierkreiszeichen und Witterungsqualitäten

Die Wirkung, die von den Tierkreiszeichen ausgeht, in denen sich der Mond während seines Umlaufs gerade befindet, erstreckt sich in gewissem Ausmaß auch auf die Witterungsqualität des betreffenden Tages.

Man braucht allerdings eine gute Beobachtungsgabe und ein feines Gespür, um diese Einflüsse zu bemerken, da sie meistens von den langfristigen Klima- und Wetterentwicklungen überdeckt werden. Dennoch kann jeder, der davon weiß, scheinbar rätselhafte Naturereignisse besser verstehen und sich entsprechend vorbereiten bzw. schützen.

Wärmetage

Eine angenehme, als verhältnismäßig warm oder mild empfundene Grundstimmung herrscht vor, wenn sich der Mond in einem der drei Feuerzeichen (Widder, Löwe, Schütze) befindet.

Solche Tage laden zu Ausflügen in die Natur ein, auch dann, wenn der längerfristige Wettercharakter eher unfreundlich ist. Im Sommer sollte man an heißen Löwetagen auf der Hut sein, denn nicht selten wird man von schweren Gewittern überrascht, die auch von Hagel begleitet sein können.

Kältetage

An den Tagen, an denen der Mond in einem Erdzeichen (Stier, Jungfrau, Steinbock) steht, herrscht ein kühles »Mikroklima« vor, auch wenn die Lufttemperaturen hoch sein sollten.
Ziehen Wolken auf, dann macht sich die Abkühlung deutlicher bemerkbar als an anderen Tagen. Man fröstelt leichter. Die Erde wirkt unverhältnismäßig kühl, und man tut gut daran, eine Decke oder einen Pulli mitzunehmen, wenn man sich an den Strand oder auf eine Wiese legen will.

Lichttage

Bestimmt ein Luftzeichen (Zwillinge, Waage, Wassermann) die Witterungsqualität, wirkt die Lichteinstrahlung intensiver.
Es ist dann heller als an anderen Tagen. Und dieser Eindruck besteht auch, wenn sich die Sonne hinter Wolken versteckt. Manche Menschen empfinden das Tageslicht an diesen Tagen als besonders grell und tragen auch bei bedecktem Himmel eine Sonnenbrille. Aber in aller Regel wirkt diese Helligkeit eher aufmunternd und anregend.

Wassertage

Steht der Mond in einem Wasserzeichen (Krebs, Skorpion, Fische), dann muss man häufiger mit Regen oder Schnee rechnen als an anderen Tagen.
Aber auch wenn die Sonne scheint, sind Boden und Gras meist unangenehm feucht und kühl. Besonders deutlich wird dieser Witterungseindruck bei zunehmendem Mond, wenn die Aufnahmefähigkeit des Bodens relativ gering ist.

Ein Fest feiern

Laut, fröhlich oder einfach entspannend – an Lufttagen (Zwillinge, Waage, Wassermann) und Löwetagen feiert man gerne eine Party mit der Familie, mit Freunden oder Kollegen. An einem Wassermanntag sollte der Kreis etwas

Wer die Witterungsqualitäten beachtet, dem wird's das Picknick kaum verregnen.

kleiner, die Stimmung etwas besinnlicher sein. Wenn der Mond durch Löwe oder Waage geht, darf es ruhig auch einmal etwas wilder sein: Dann ist man so richtig in Stimmung für ein glänzendes Fest oder – besser noch –, eine rauschende Ballnacht.
Übrigens: Man kann damit rechnen, dass man sich bei abnehmendem Mond besonders gut fühlt und ausgelassen feiert, während man an allen Krebs- und Steinbocktagen nicht so recht in Stimmung kommt.

Ein Kino-, Konzert-, Museums-, Opern- oder Theaterbesuch

Ob Großleinwand im Filmpalast oder heimisches Pantoffelkino mit Videokassette bzw. DVD – vor allem an Fische-, aber auch an Luft- (Zwillinge, Waage, Wassermann) und Widdertagen sieht man sich besonders gerne Filme an. An den Fischetagen hat man es gern etwas beschaulicher oder mit Tiefgang, zu den anderen Terminen mag man lieber Bombast, Spannung oder Action.
Ein sehr eindrucksvolles Erlebnis werden Sie haben, wenn Sie an einem Löwe-, Waage- oder Wassermanntag wieder einmal ins Konzert oder in die Oper gehen. Die Klänge werden Sie nun nämlich ganz besonders verzaubern.
Haben Sie mehr Lust auf die alten Meister oder eher auf zeitgenössische Kunst? Löwe-, Waage- und Wassermanntage (vor allem bei zunehmendem Mond) sind die besten Termine, um durch ein altehrwürdiges Museum zu flanieren oder in einer Galerie gewagte Skulpturen zu bestaunen, sich also den Schätzen der Vergangenheit oder Gegenwart zu widmen. An den Wassertagen hat man daran in aller Regel weniger Interesse.
Wandert der Mond durch die Tierkreiszeichen Widder, Zwillinge, Waage, Steinbock oder Wassermann, ist die Zeit besonders günstig für einen Theaterbesuch. Ob heiter, dramatisch oder tragisch – man nimmt Anteil und genießt den Abend. Krebstage sind erfahrungsgemäß keine günstigen Termine.

Kreative und kunstgewerbliche Tätigkeiten

Wenn es um ausgesprochen kreative Hobbys geht (beispielsweise das Malen, Modellieren oder auch Musizieren), dann sind Löwe-, Waage-, Wassermann- und Fischetage am besten geeignet.
Für kunstgewerbliche Tätigkeiten (etwa das Basteln oder Schnitzen) eignen sich in aller Regel jene Tage besonders gut, an denen der Mond durch Stier, Krebs oder Wassermann wandert.
Wer sich mit Mode beschäftigen will (beispielsweise mit Textilgestaltung oder Nähen), dem seien vor allem Waage-, Skorpion- und Wassermanntage empfohlen.
Die geeignetste Phase ist der abnehmende Mond, und an den Steinbocktagen fehlt einem meistens sowohl die Inspiration als auch die nötige Fingerfertigkeit.

Lesen

Wenn man sich's einrichten kann: An Zwillingetagen bereitet das Lesen besonders großes Vergnügen. Da kann es schon vorkommen, dass man über einem spannenden Buch das Essen oder gar das Schlafen vergisst.
Übrigens: Schütze- und Wassermanntage sind gut geeignet für die politische Lektüre.

Ein Restaurantbesuch

Ob nach dem Kino oder einem anstrengenden Arbeitstag – hin und wieder sollte man sich schon mal richtig verwöhnen lassen. Ganz egal, ob es das Luxusrestaurant in der City oder die kleine Kneipe an der Ecke ist! An Stier-, Löwe- oder Waagetagen wird man das gastronomische Angebot ganz besonders zu schätzen wissen. Für ein romantisches Essen zu zweit empfehlen sich Stier- und Wassermanntage sowie vor allem die Tage, an denen der abnehmende Mond in Krebs oder Fische steht.

Schreiben

Egal ob man sich an einem glühenden Liebesgedicht, dem ausführlichen Brief an einen Freund oder an literarisch Ambitioniertem versucht – Texte werden flüssiger und schlüssiger, wenn man an Zwillinge-, Jungfrau- oder Skorpiontagen (da vor allem Liebesbriefe) zur Feder greift bzw. auf der Tastatur des Computers seine Finger spielen lässt. Auch hierfür ist der abnehmende Mond zu empfehlen.
Bei zunehmendem Mond an Krebs-, Schütze- und Fischetagen will einem erfahrungsgemäß nichts so richtig gelingen.

Shopping

Einen Einkaufsbummel sollte man an Stier-, Jungfrau- oder Skorpiontagen (vor allem bei zunehmendem Mond) unternehmen. Diese Termine sind vor allem auch für den Besuch von Modegeschäften oder Boutiquen zu empfehlen. Aber Vorsicht: An den Skorpiontagen neigt man leicht dazu, ein wenig mehr Geld auszugeben, als man eigentlich vorhatte. Da landet schon mal etwas Luxuriöses in der Tragetasche. Etwas mehr auf den Euro achtet man an den Jungfrau- und Stiertagen.
Keine besonders geeigneten Termine für das Einkaufen sind Krebs-, Wassermann- und Fischetage, denn da fällt es einem schwer, sich zu entscheiden.

Sport treiben

Dafür sollte man sich natürlich regelmäßig Zeit nehmen. Am meisten Spaß macht's allerdings, wenn sich der abnehmende Mond in Widder, Schütze oder Fische befindet. Für große Wettkämpfe oder ein Sportfest sind Schützetage geeignet – viel Trainingserfahrung und die nötige Kondition vorausgesetzt. Das Schwimmen belebt und entspannt vor allem an den Fischetagen. Wer mit dem Tauchsport beginnen will, dem sei dafür ebenfalls ein Fischetag empfohlen.
Und vergessen Sie nicht: Die Neumondzeit ist überhaupt nicht geeignet, um sportliche Höchstleistungen zu vollbringen.

Tanzen gehen

Wenn Sie es immer wieder vorhatten und genauso oft verschoben haben, tanzen zu gehen, sollten Sie mal an einem Widder-, Löwe-, Waage- oder Wassermanntag einen neuen Anlauf wagen! Sie werden sehen, dass Sie dann viel Spaß auf dem Parkett oder in der Disko haben. Es ist übrigens zu erwarten, dass Sie bei abnehmendem Mond besonders gut in Form sind.
Andererseits können Sie davon ausgehen, dass Sie an Krebs- oder Steinbocktagen wahrscheinlich nicht so richtig in Schwung kommen.

Massagen, Schönheitspflege, Meditation und mehr

Ob man mit einem Bad für mehr körperliches oder durch eine Meditation für mehr seelisches Wohlbefinden sorgen möchte – die Frage nach dem richtigen Zeitpunkt für eine Maßnahme stellt sich immer. Denn wer auch hier einen Blick auf den Mondrhythmus wirft, kann ohne großen Aufwand viel erreichen: natürliche Schönheit und seelische Harmonie.

Die typische Körperpflege (wie tägliches Waschen, Zähneputzen oder Haarekämmen) ist für uns ja selbstverständlich. Doch zu einem gepflegten Aussehen gehört noch mehr – nämlich das, was nach außen vermittelt, dass wir uns in unserem Körper wohl fühlen und ihm mehr als nur das Allernötigste zukommen lassen. Jede Maßnahme zur Körperpflege ist grundsätzlich jederzeit sinnvoll. Oder der Zeitpunkt wird von den Ereignissen bestimmt – wie z. B. das erfrischende Fußbad nach einer langen Bergwanderung. Aber wer bei seinen Maßnahmen noch auf die jeweiligen Einflüsse des Mondes achtet, kann wirklich optimale Wirkungen erzielen.

Der optimale Zeitpunkt

Das Gleiche gilt für die Schönheitspflege. Dem allgemeinen Schönheitsideal entsprechen nur die wenigsten. Doch jeder Mensch kann auf seine ganz spezielle Weise schön sein, wenn er sich akzeptiert, wie er ist, wenn er seine Bedürfnisse und die seines Körpers befriedigt. Denn wer aus sich das Beste macht und mit sich selbst in Harmonie lebt, hat eine positive Ausstrahlung, die entscheidend zu seiner Attraktivität beiträgt.

Dabei spielen u. a. eine der eigenen Natur gemäße Lebensweise und eine gesunde, ausgewogene Ernährung wichtige Rollen. Doch es gibt zudem ein paar Tricks, wie wir kleine Schönheitsfehler kaschieren können – und sei es durch eine passende Frisur. Auch hierfür vermitteln die Erfahrungen mit dem Mond viele Anregungen, zu welchem Zeitpunkt welche Behandlung am günstigsten ist.

Körper- bzw. Schönheitspflege ist also gleichzeitig Pflege der Seele – und andersherum. Das Sprichwort »Die Augen sind der Spiegel der Seele« weist u. a. auf diese enge Verbindung von Körper und Seele hin. Inneres und Äußeres bedingen sich gegenseitig mit. Und der Mond ist ein wertvoller »Berater«, wenn es um körperlich-seelische Balance und mehr Wohlgefühl geht.

Die Kraft der Hausmittel

In diesem Kapitel werden Sie zu den einzelnen Themen immer wieder einfache Tipps, Rezepte und Anwendungen finden. Die meisten davon stammen aus dem Fundus alter Hausmittel. Diese Methoden zu heilen, aber auch das allgemeine Wohlgefühl zu steigern oder die Schönheit zu pflegen, sind tausendfach erprobt. Denn sie stellten in der Geschichte auch immer wieder eine Alternative zu allem dar, was die Ärzte verordnet hätten, die oftmals nicht schnell genug erreicht werden konnten oder einfach zu teuer waren. Heute, da viele Menschen wieder auf eine natürlichere Weise ihr Leben gestalten möchten, haben diese Hausmittel erneut eine große Bedeutung erlangt.

Aromatherapie, Gurgeln, Inhalieren

Anwendungen dieser Art sind natürlich immer nützlich – teilweise prophylaktisch, vor allem aber auch im Anfangsstadium einer Schwächung oder Erkrankung. Am meisten Erfolg kann man aber erwarten, wenn der Mond dann auch noch in dem Tierkreiszeichen steht, das die betroffene Körperregion dominiert.
Ätherische bzw. Aromaöle wirken über die Atemwege auf das vegetative Nervensystem und dadurch anregend, entspannend oder auch schmerzlindernd. Sie erreichen aber zudem über die Haut sowohl das tiefer liegende Gewebe als auch die inneren Organe, was sich dort vor allem wundheilend auswirkt. Ätherische Öle werden in der Regel nicht direkt auf die Haut aufgetragen oder etwa geschluckt. Mögliche Aromatherapien sehen vielmehr so aus: Man vermischt die Öle mit Wasser oder anderen Flüssigkeiten und riecht ihren Duft mittels einer Duftlampe, inhaliert sie oder führt sie durch eine Massage bzw. ein Bad zu. Am häufigsten kommen Duftlampen zum Einsatz, wofür 5 bis 8 Tropfen Öl mit etwas Wasser gut verrührt und in das Schälchen der Duftlampe gegeben werden.
Gurgeln und Inhalieren sind zwei einfache und äußerst effektive Anwendungen, um Probleme und Erkrankungen der Atemwege, aber auch des Hals-Rachen-Raums zu kurieren. Beachten muss man, dass bei der Inhalation das Atmen nicht weh tun sollte, dass also zur Schüssel mit dem heißen Wasser genug Abstand zu halten ist. Inhaliert wird, indem man Kopf, Schultern und Schüssel mit einem Handtuch umhüllt. Geatmet wird je nachdem durch Nase oder Mund bzw. abwechselnd durch Nase und Mund. Außerdem sollte man nach dem Inhalieren etwa 10 Minuten ruhen und sich vor allem nicht gleich wieder kalter Luft aussetzen. Das wäre für Nase, Nebenhöhlen, Hals oder Bronchien nämlich ein gewaltiger Schock!

Ärger und Wut Gegen diese Gefühle, von denen leider niemand verschont bleibt, kann man etwas tun. Wer sich ein beruhigendes Raumklima schafft, ist schon auf dem besten Weg. Und erreicht bzw. unterstützt wird das durch Aromaöle in der Duftlampe: z. B. Geranium, Rose oder Zeder.

Bauchschmerzen Die ätherischen Öle, mit denen man dagegen vorgeht, sind Basilikum und Sandelholz, die vor allem auf die Magenwände beruhigend wirken. Eine Duftlampe mit diesen Ölen sollte man besonders dort aufstellen, wo man isst.

Niedriger Blutdruck 5 bis 8 Tropfen Rosmarinöl im Wasserschälchen der Duftlampe wirken über die Atemwege sowie die Haut und vermindern merklich die Nebenerscheinungen von niedrigem Blutdruck, wie Müdigkeit und Leistungsabfall.

Depressive Verstimmungen Dagegen geht man beispielsweise an, indem man gewisse Duftöle in einem Riechfläschchen mit sich führt und somit jederzeit gegen Stimmungstiefs einsetzen kann. Besonders bewährt sind Bergamotte-, Jasmin-, Jojoba-, Neroli- und Sandelholzöl. Erfolg versprechend ist aber auch ein die Stimmung aufhellender Raumduft. Dafür wählt man ein Aromaöl in der Duftlampe, mit dem man möglichst viel Positives assoziiert.

Erkältungen Gewisse Aromaöle, z. B. Eukalyptus-, Thymian- und Wacholderöl, wirken antibiotisch und sollten deshalb in diesem Fall eingesetzt werden. Man gibt am besten ein paar Tropfen von solch einem Öl auf einen Wattebausch oder Papiertaschentuchknäuel, hält ihn vors Gesicht und atmet den Duft abwechselnd durch Nase und Mund ein.

Halsschmerzen Das Gurgeln mit Blutwurztee baut die Entzündung ab und den gesunden Rachenschleim wieder auf: 2 Teelöffel Blutwurz zusammen mit einem Viertelliter Wasser kochen, den Tee 10 Minuten ziehen lassen und abseihen. Mit dem lauwarmen Tee am besten jede Stunde ausgiebig gurgeln.
Schleimhautstabilisierend und entzündungshemmend wirkt Salbeiöl: 4 Tropfen davon in 100 Milliliter warmem Wasser sind eine effektive Gurgellösung, die 4-mal täglich eingesetzt werden sollte.
2 Esslöffel einer Kräutermischung aus gleichen Teilen Kamille, Thymian und Oregano, in einer Schüssel mit 1 Liter heißem Wasser übergossen, dienen einer vor allem reizlindernden Inhalation. Diesen Dampf sollte man 2-mal täglich 8 bis 10 Minuten inhalieren.
Auch 2 Esslöffel Salbei, mit 1 Liter heißem Wasser übergossen, wirken sehr lindernd und töten Keime. Diese Inhalation, jeweils 10 bis 15 Minuten dauernd, kann mehrmals täglich angewendet werden.

Husten bzw. Bronchitis Teebaumöl kann sowohl Dauer als auch Intensität dieser Leiden reduzieren und ist zudem vielseitig verwendbar. 5 Tropfen davon sind in einer Schüssel mit kochend heißem Wasser ideal zum Inhalieren. Ein paar Tropfen davon auf einem Taschentuch sind aber auch tagsüber sehr geeignet für das Inhalieren zwischendurch. Und einige Tropfen auf dem Kopfkissen sorgen nachts für einen ruhigeren Schlaf mit weniger Husten. 3 Tropfen Teebaumöl mit 1 Tropfen Olivenöl sind außerdem eine wirksame Mischung, mit der man 2-mal täglich Hals, Brust und Rücken einreiben kann.
Das Inhalieren mit Kamille und Thymian lindert den Schmerz und ist sehr wirksam gegen Reizhusten: 3 Liter Wasser im Topf zum Kochen bringen, dann 2 Esslöffel Kamillenblüten und frischen Thymian zugeben und 10 Minuten ziehen lassen. Diese Zubereitung in eine Schüssel gießen, dann etwa 10 bis höchstens 15 Minuten inhalieren.
Für eine Inhalationszubereitung, welche die Funktion der Flimmerhärchen in den Bronchien unterstützt, lässt man 4 Esslöffel Fenchelsamen 5 Minuten in 3 Liter kochendem Wasser ziehen. Auch dieser Dampf wird höchstens 15 Minuten inhaliert.

Konzentrationsstörungen Es gibt ätherische Öle, die wesentlich dazu beitragen können, dass bei gewisser Erschöpfung die geistige Energie zurückkehrt.
Basilikum-, Lorbeer-, Pfefferminz- und Rosmarinöl, in die Duftlampe gegeben, haben sich hierfür ganz besonders bewährt.

Wer wird schon nie von Kopfschmerzen heimgesucht? Die richtige Aromatherapie kann da wirklich helfen!

Kopfschmerzen bzw. Migräne Aromaöle wirken aufgrund ihres Dufts auf das vegetative Nervensystem sowie das Unterbewusstsein und leisten somit einen großen Beitrag zur Entspannung. Deshalb trägt das richtige Duftlampenöl im Fall von Spannungskopfschmerzen zu einer deutlichen Linderung bei. Das Öl der Pfefferminze ist hier besonders günstig. Es eignet sich davon abgesehen auch für leichtere Migräneattacken. In diesen Fällen wird nur ganz wenig des Öls auf Stirn und Schläfen aufgetragen.

Muskelkater Auch zur Linderung dieser unangenehmen, aber leider häufigen Begleiterscheinung von körperlicher Überaktivität gibt es sehr brauchbare ätherische Öle, die die Muskeln entspannen und den Schmerz reduzieren: Lavendel-, Majoran- und Wacholderöl sind gute Beispiele. Die Duftlampe mit einem dieser Öle stellt man am besten in das Wohn- bzw. Schlafzimmer.

Nasennebenhöhlenentzündung Das wertvolle Teebaumöl kann auch gegen dieses Übel, das oft über längere Zeiträume hinweg das gesamte körperliche Wohlgefühl deutlich herabsetzt, erfolgreich angewendet werden. Teebaumöl unterstützt nämlich intensiv die Schleimhautdurchblutung und wirkt antibakteriell.
5 bis 8 Tropfen in der Duftlampe sorgen für eine kontinuierliche Linderung. Intensiver

wirkt die Inhalation: 5 Tropfen des Öls in eine Schüssel mit fast kochendem Wasser geben und die Dämpfe mit geschlossenen Augen inhalieren. Ähnlich effizient sind auf die Nase und die Nebenhöhlen gelegte Kompressen. Diese sollten heiß, feucht und mit 4 Tropfen des Öls beträufelt sein. Als Kompressenmaterial eignen sich Taschentücher und Waschlappen.

Ohrenschmerzen Wenn diese Schmerzen nichts mit einer ausgewachsenen Mittelohrentzündung zu tun haben, sondern eher Nebenerscheinung einer normalen Erkältung sind, ist man hier ebenfalls gut mit Teebaumöl beraten: Im Wasserbad etwas Olivenöl mit 3 bis 4 Tropfen des Öls erwärmen, danach diese Mischung mit einer Pipette ins Ohr träufeln.

Sexuelle Stimulation Wer ohne aphrodisisches Bad eine schöne sexuelle Einstimmung möchte, kann 5 bis 8 Tropfen der folgenden ätherischen Öle in eine Duftschale träufeln und am Ort des Geschehens aufstellen: Jasmin, Patschuli, Sandelholz, Vetiver und Ylang-Ylang. Dieses Gemisch wirkt auf beide Geschlechter sehr anregend.

Schlafstörungen Gewisse ätherische Öle tragen in der Duftlampe zu einem beruhigenden Raumklima und somit zu besserem Schlaf bei. In diesem Zusammenhang sind vor allem die Öle von Geranium, Kamille, Melisse und Sandelholz zu erwähnen. Man kann aber auch 5 bis 8 Tropfen dieser Öle mit destilliertem Wasser mischen und im Schlafzimmer versprühen.

Zahnfleischentzündung 4 Tropfen Salbeiöl, mit 4 Esslöffeln warmem Wasser verrührt, sind ein bewährtes Mittel gegen Zahnfleischentzündung. Man gurgelt damit 3 Minuten. Diese Anwendung sollte immer mehrmals täglich geschehen.

Die Augenpflege

Besonders an den Widdertagen sind die Augen sehr empfindlich. Aber an diesen Tagen (vor allem bei zunehmendem Mond) können gewisse Übungen oder Pflegemaßnahmen auch ziemlich schnell helfen.

Entzündete oder überanstrengte Augen Gegen dieses häufige Problem helfen mit Kamillentee oder Borwasser getränkte Kompressen, die etwa 10 Minuten aufgelegt werden. Anschließend die Augen gut abtrocknen!

Müde Augen kann man gut mit einer Urintherapie kurieren: Man tränkt dazu Wattepads mit dem eigenen Urin und legt sie 10 Minuten lang auf die Augen. Anschließend die Augen mit lauwarmem Wasser abspülen.

Schöne Augen erhält bzw. bewahrt man, wenn man vor dem Schlafengehen ein paar Tropfen Rizinusöl um die Augen herum aufträgt.

Wache Augen bekommt man auch, wenn man für etwa 10 Minuten Kompressen bzw. Wattepads auflegt, die mit warmer Milch getränkt sind. Danach die Augen mit warmem Wasser abspülen.

Vier Anwendungen für zwischendurch

- Grundsätzlich sollte man seine Lese- und Schreibtätigkeiten – egal ob Aktenstudium, Arbeit am Computer oder Vergleichbares – immer wieder für ein paar Minuten unterbrechen und ein weiter entferntes Ziel fixieren, also z. B. aus dem Fenster sehen. So bleiben die Augen widerstandsfähiger gegen die typischen Belastungen.

- Bei der häufigsten Nebentätigkeit, beim Telefonieren, sollte man nach Möglichkeit seinen Blick immer im Raum herumschweifen lassen. Das kann die Augen schon sehr entspannen.
- Wenn man spürt, dass die Augen langsam ermüden, zu brennen oder zu tränen beginnen, hilft es, die Augen zunächst einmal einfach zu schließen. Man kann auch seine (möglichst warmen) Hände auf die Augen legen, damit der Eindruck von Dunkelheit verstärkt wird. Falls man zudem seine Gedanken an alles andere abstellt und sich ausschließlich darauf konzentriert, dass die Augen auf diese Weise zur Ruhe kommen können, werden sie sich auch schnell entspannen und zur alten Leistungsfähigkeit zurückfinden.
- Auch sanfte Massage und Akupressur tragen zur Entspannung der Augen bei. Man streicht mit Zeige- und Mittelfinger beidseits von der Schläfe zur Nasenwurzel. Zunächst oberhalb der Augen, dann unterhalb – und immer, ohne die Augen zu berühren. Man massiert zudem mehrmals hintereinander. Danach führt man eine kleine Akupressur durch: Oberhalb der Augen, ca. 1,5 Zentimeter neben dem Nasenansatz, befindet sich beidseits ein Grübchen. Auf diese Grübchen übt man mit dem Daumen etwa 5 Sekunden einen starken Druck aus, den man zwar spüren sollte, der aber nicht schmerzen darf. Diese Akupressur vertreibt vor allem das Gefühl, sich die Augen reiben zu müssen.

Wohltuende Bäder

Nach einem stressigen Tag kann ein wohl temperiertes Bad mit den richtigen Badezusätzen herrlich entspannend sein und zugleich neue Kräfte wecken. Man kann die gewünschte Wirkung noch verstärken, wenn man die Impulse des Mondes mit ins Kalkül zieht.

Rezepturen für Vollbäder

Wenn Sie Ihr Vollbad nach folgenden Grundsätzen gestalten, können Sie eine optimale Wirkung erzielen und tun des Guten auch mit Sicherheit nicht zu viel. Eventuelle Abweichungen von diesen Regeln werden bei den jeweiligen Anwendungen in diesem Kapitel angeführt.

- Die Temperatur des Badewassers sollte nicht mehr als 38 °C betragen.
- Es ist anzuraten, dass die Badezeit nicht 15 bis 20 Minuten und keinesfalls 30 Minuten überschreitet.
- Verwendet man getrocknete Kräuter für den Badezusatz, gibt man eine halbe Hand voll Kräuter im Leinensäckchen ins Wasser.
- Nimmt man gefilterten Kräuteraufguss als Badezusatz, so setzt man dem Badewasser davon 600 Milliliter zu.
- Verwendet man ein oder mehrere Aromaöle für den Badezusatz, so verrührt man 15 bis 20 Tropfen davon in 1 bis 2 Esslöffeln Neutralseife, Milch, Sahne oder flüssigem Honig.

Anregende bzw. vitalisierende Bäder

Besonders viel Energie und Frische verleihen diese Bäder, wenn man sie bei zunehmendem Mond an den Lufttagen (Zwillinge, Waage und Wassermann) genießt. Diese Tage sind auch in den anderen Mondphasen recht günstig, während die anregende Wirkung an den Erdtagen (Stier, Jungfrau und Steinbock) bei abnehmendem Mond erfahrungsgemäß nicht so deutlich zu spüren ist.

Tipp Einige der anregendsten Kräuter sind Ginseng, Holunder, Löwenzahn, Mistel, Rosmarin, Rosskastanie und Weißdorn.

Anregend wirken auch Vollbäder mit 15 bis 20 Tropfen Eukalyptus- oder Rosmarinöl, verrührt in 1 bis 2 Esslöffeln Milch bzw. Sahne.

Erschöpfung Man kann sie lindern, indem man einfach dem Badewasser einen Beutel Pfefferminztee zugibt. Das macht in aller Regel sehr schnell wieder frisch.

Niedriger Blutdruck Ein Vollbad mit 15 bis 20 Tropfen Kampfer-, Pfefferminz-, Salbei- oder Ysopöl kann die Nebenerscheinungen von niedrigem Blutdruck, wie Abgeschlagenheit und Leistungsschwäche, kurieren.

Aphrodisische Bäder

Will man die Sinne, vor allem aber die Sinnlichkeit durch ein Bad mit entsprechenden Zusätzen anregen, empfiehlt sich der Vollmond oder der abnehmende Mond, wenn er in den Feuerzeichen (Widder, Löwe und Schütze) steht. Bei zunehmendem Mond an den Wassertagen (Krebs, Skorpion und Fische) wird die gewünschte Wirkung dagegen relativ schwach ausfallen.

Vollbad für die Frau Passende ätherische Öle, die dem weiblichen Lustgewinn dienen können, sind vor allem Geranium-, Jasmin-, Neroli- und Rosenöl.

Nach einem langen Tag kann ein wohlriechendes Bad wahre Wunder wirken.

Vollbad für den Mann Geeignete Aromaöle, die das sexuelle Interesse des Mannes steigern können, sind Weihrauch- und Zimtöl.

Duftendes Vollbad für zwei Diesem libidosteigernden Bad wird folgende Mischung zugesetzt: Jeweils 10 Tropfen der ätherischen Öle Geranium und Kümmel werden mit 1 bis 2 Esslöffeln Milch oder Pflanzenöl verrührt. Sehen Sie hierzu die Aromatherapie auf Seite 73, die durch ein spezielles Ölgemisch auch beide Geschlechter stimuliert.

Beruhigende bzw. entspannende Bäder

Diese Bäder entfalten ihre besondere Wirkung bei abnehmendem Mond, besonders an den Wassertagen (Krebs, Skorpion und Fische). Wassertage sind aber auch bei Neumond sowie zunehmendem Mond noch günstig.
Weniger wirksam sind solche Bäder allerdings bei zunehmendem Mond an allen Feuertagen (Widder, Löwe und Schütze) und an den Vollmondtagen.

Tipp Einige der beruhigendsten Kräuter sind Baldrian, Hopfen, Johanniskraut, Kamille, Lavendel, Melisse und Waldmeister.

Baldrianbad 3 Esslöffel Baldriantinktur im Vollbad beruhigen strapazierte Nerven und mindern Einschlafschwierigkeiten.

Fenchelbad Der Kräuteraufguss aus 100 Gramm Fenchel wirkt als Badezusatz äußerst entspannend.

Lavendelbad Dieses Bad wirkt ebenfalls sehr beruhigend. Den Badezusatz gewinnt man folgendermaßen: 40 Gramm getrocknete Lavendelblüten in 1 Liter Lavendelöl etwa 2 Wochen einweichen. Danach durch ein Sieb abseihen und in ein luftdicht verschließbares Gefäß abfüllen. Man nimmt für ein Vollbad 3 Esslöffel dieses Zusatzes.

Rosmarin-Thymian-Bad Gegen starke Rückenschmerzen hilft erfahrungsgemäß ein Muskelentspannungsbad. Vor allem Ölbäder mit Rosmarin- und Thymianextrakten sind hierfür gut geeignet. Man entspannt darin etwa 20 Minuten und massiert danach die schmerzenden Stellen mit warmem Rosenholzöl ein. Anschließend ist strikte Bettruhe angesagt.

Zitronenbad Auch dieses Bad wirkt gut gegen gestresste Nerven. Den Zusatz für ein Vollbad gewinnt man aus 6 Zitronen, die mit der Schale in Scheiben geschnitten und für etwa 8 Stunden in kaltes Wasser gelegt werden. Danach die Flüssigkeit abseihen und dem Badewasser zugeben.

Heilende Bäder

Heilende Badezusätze entfalten ihre Wirkung am besten bei zunehmendem Mond an Erdtagen (Stier, Jungfrau und Steinbock). Aber auch die Erdtage während der anderen Mondphasen sind diesbezüglich zu empfehlen. Nicht ganz so gut eignet sich die Phase des abnehmenden Mondes für solche Bäder, weil dann die heilenden Substanzen nicht so gut vom Organismus aufgenommen werden.

Erkältungsbad Gegen Erkältungskrankheiten helfen 15 Tropfen Eukalyptusöl als Badezusatz. Es löst den Schleim, öffnet die Atmungsorgane und lindert den Hustenreiz.

Kamillenbäder Sie helfen bei einem ganzen Spektrum von Beschwerden. Sie wirken befreiend bei Husten, Schnupfen, rauem Hals oder Stirnhöhlenkatarrh. Sie lindern aber auch z. B. Hautreizungen und Hautkrankheiten. Für ein Kamillenbad stellt man folgenden Sud her: 500 Gramm Kamille in 5 Liter Wasser aufkochen, 10 Minuten ziehen lassen und abseihen.

Rheumabäder Diese Bäder sollten etwa 20 Minuten dauern und von 36 °C Anfangstemperatur langsam auf 42 °C gesteigert werden.

Danach ist Bettruhe nötig, damit die Wärmetherapie richtig anschlagen kann.

- Birkenrindenbad: 1 Hand voll Rinde in 2 Liter Wasser 10 Minuten kochen. Den Sud durch ein Sieb geben und dem Badewasser zusetzen.
- Fichtennadelbad: 3 Hand voll Fichtennadeln in 2 Liter Wasser 15 Minuten kochen. Den Sud durch ein Sieb geben und dem Badewasser zusetzen.
- Heublumenbad: 1 Kilogramm Heublumen in 4 Liter Wasser kochen. Den Sud durch ein Sieb geben und dann dem Badewasser zusetzen.

Vaginalbad Ein Vollbad, das keine schäumenden Badezusätze enthalten darf, aber mit 10 Tropfen pilztötendem Teebaumöl angereichert ist, lindert erfahrungsgemäß erfolgreich eine Scheidenentzündung.

Saunabäder

In der Sauna kann man sich wunderbar entspannen und zugleich seine Abwehrkräfte stärken. Wer die reinigende, entspannende und zudem anregende Wirkung eines Saunabades voll genießen will, dem sei ein Saunabesuch besonders bei abnehmendem Mond empfohlen, am besten noch, wenn der Erdbegleiter dann in einem Feue rzeichen (Widder, Löwe und Schütze) verweilt. Zur Vollmondzeit bekommt das Saunen manchen Menschen erfahrungsgemäß weniger, vor allem wenn ihr Kreislauf nicht sehr stabil ist.
Überhaupt ist zu beachten: Bevor man sich zum ersten Mal einem Saunabad unterzieht, empfiehlt es sich, den Hausarzt zu konsultieren. Das gilt vor allem für Saunaanfänger, die schon etwas älter sind.

Sonnenbäder

Ihre gesundheitliche und kosmetische Wirkung ist umstritten. Ein Zuviel erhöht die Hautkrebsgefahr und lässt die Haut schneller altern. Andererseits regt die Sonne unseren Hormonstoffwechsel an, und eine sportlich gebräunte Haut zählt immer noch zu den begehrten Schönheitsattributen.
Es kommt also wie so oft auf das richtige Maß an, das jeder für sich aufgrund seines Hauttyps finden muss. Generell gilt: Nicht mehr als eine halbe Stunde pro Tag ungeschützt in die volle Sonne gehen!
Aber auch der Mond beeinflusst die Wirkung der Sonnenstrahlen auf die Haut: Weniger stark ist die Belastung bei abnehmendem Mond, ausgenommen die Feuer- (Widder, Löwe und Schütze) sowie Steinbocktage. Die Sonnenbrandgefahr ist erhöht bei zunehmendem Mond und Vollmond, vor allem aber an den Feuer- und Steinbocktagen in diesen Mondphasen.

Mittel gegen Sonnenbrand Die folgenden Tipps helfen Ihnen, einen Sonnenbrand zu vermeiden bzw. ihn auf einfache Weise zu lindern.

- Zwischen 11 und 16 Uhr ist das Sonnenlicht erwiesenermaßen am stärksten. Dann sollte man sich nach Möglichkeit im Schatten aufhalten.
- Es ist von Vorteil, wenn man seine Sonnenbäder systematisch verlängert – täglich um maximal 20 Prozent.
- Die schützende Sonnenmilch (mindestens Lichtschutzfaktor 6) sollte bereits eine halbe Stunde vor dem Sonnenbad aufgetragen werden.
- Es gibt Nahrungsmittel, die die Pigmentierung in der Haut verbessern, wie z. B.

Weizenkleie, Bierhefe und Vollkornprodukte. Die sollte man im Sommer vermehrt zu sich nehmen.

- Bei bereits erfolgtem Sonnenbrand hilft viel Vitamin C und E. Diese Vitamine wirken nämlich entzündungshemmend und fördern den Wiederaufbau beschädigter Hautzellen. Also viel frisches Obst, knackiges Gemüse und natürliche Öle verzehren!
- Auch Aspirin ist leicht entzündungshemmend und lindert natürlich den Verbrennungsschmerz.
- Ein Sonnenbrand bedeutet auch Wasserverlust. Daher ist es angeraten, in diesem Fall sehr viel zu trinken – Tees, Mineralwasser oder Säfte.
- Die guten alten Quarkwickel kühlen und lindern somit die Schmerzen: Quark mit etwas Buttermilch mischen und auf Leinentücher streichen, die auf die geröteten Stellen gelegt werden. Man wechselt die Wickel, wenn sie warm werden. Die Anwendung sollte 2- bis 3-mal täglich erfolgen.

Den Bewegungsapparat stärken

Für die Stärkung des Bewegungsapparats durch Einreibungen, Packungen, Bäder, Gymnastik und Massagen (siehe Seite 89 und 91) ist der zunehmende Mond eine gute Behandlungszeit, vor allem wenn man noch die Tierkreiszeichen beachtet, welche die einzelnen Körperbereiche regieren:
Zwillinge für die Schultern und Arme, Löwe für den Rücken, Waage für die Hüftregion, Schütze für die Oberschenkel, Steinbock für Knie und andere Gelenke, Wassermann für Unterschenkel und Knöchel sowie Fische für Füße und Zehen.

Für ein eher strapazierendes Bewegungstraining ist allerdings der abnehmende Mond geeignet; aber auch dann sollte man extreme Belastungen für die Bereiche vermeiden, durch deren Tierkreiszeichen der Mond gerade wandert. Bei Neumond sollte man solche Belastungen grundsätzlich vermeiden.

Durchblutungsstörungen in den Beinen Kneippgüsse gehören zu den effektivsten Anwendungen gegen dieses Problem: Den kalten Wasserstrahl der Brause langsam am rechten Fuß außen bis zur Leiste hochführen. Dann auf der Innenseite wieder zurück bis zum Fuß duschen. Danach ist das linke Bein dran. Empfohlen sind diese Kneippgüsse 2-mal pro Bein 2- oder 3-mal täglich.

Gelenkschmerzen können mit Kohlblättern gelindert werden. Man legt diese auf die betroffenen Stellen und umwickelt sie mit Tüchern, die abgenommen werden, wenn sie sich kühl anfühlen.

Kniebeschwerden Kompressen mit Aromaölen von Lavendel, Majoran und Rosmarin regen vor allem die örtliche Durchblutung an: Eine Mischung der Öle zu gleichen Teilen herstellen und 10 Tropfen davon auf eine heiße Kompresse geben, die man um das betroffene Gelenk wickelt. Die Anwendung sollte 10 Minuten dauern und reicht 1-mal täglich.

Krampfadern begegnet man mit Yoga (siehe Seite 91) und Kneippgüssen, die ein sehr gutes Training für die Blutgefäße darstellen. Die entsprechende Anwendung ist unter dem Punkt »Durchblutungsstörungen in den Beinen« beschrieben.

Hexenschuss Dieses alte Mittel gegen Hexenschuss ist sehr wirksam: 1 Hand voll geriebenen Meerrettich mit 1 Hand voll Weizenvollkornmehl vermischen und erwärmen. Die Mischung auf ein Tuch streichen und diese Packung auf die schmerzende Stelle legen. Nicht länger als eine Viertelstunde anwenden, damit es nicht zu Hautreizungen kommt!

Rheumaschmerzen, vor allem in den Armen, können folgendermaßen gelindert werden: 2 Hand voll geschälte Kastanien (vom Wasser gerade bedeckt) aufkochen. Dann wird der noch warme Sud auf den schmerzenden Stellen eingerieben.

Rückenschmerzen Erfahrungsgemäß lassen sich nicht allzu große Schmerzen mit einer ganz alten Methode vertreiben: Man wäscht den Rücken schlicht und einfach so heiß wie möglich mit Salbeitee ab.

Verstauchungen sind zunächst einmal mit viel Eis zum Kühlen und genügend Ruhe zu kurieren. Anschließend muss man aber auch wieder durch gewisse Übungen die Belastbarkeit trainieren, z. B.: Die betroffenen Muskeln im Umfeld der Verstauchung 2 Sekunden anspannen, 3 Sekunden Pause einlegen und erneut anspannen. Das wird mehrmals am Tag wiederholt.

Die Blutreinigung

Eine Brennnesselkur zur Blutreinigung und Entschlackung, die als jährlich wiederholte Frühjahrskur wahre Wunder wirkt, führt man am besten bei abnehmendem Mond durch. Besonders günstig sind hierfür Jungfrautage, aber auch an Waage- und Skorpiontagen ist die Reinigung etwas intensiver als an den übrigen Tagen bei abnehmendem Mond. Im Herbst bieten sich für diese Kur vor allem die Löwetage bei abnehmendem Mond an.

Tipp Zur Blutreinigung trinkt man täglich 1,5 Liter Brennnesseltee – vorzugsweise am Nachmittag zwischen 15 und 19 Uhr. Man unterbricht die Kur kurz vor Neumond und setzt sie nach dem nächsten Vollmond für eine weitere Phase (erneut abnehmender Mond) fort.

Die Brennnessel – von den meisten verachtet, ist sie doch ein wertvolles Kraut.

Entspannung für Körper und Seele

Entspannungsübungen sind bei abnehmendem Mond besonders wirksam. Sie bringen auch bei Neumond leichter und schneller das gewünschte Ergebnis, als das bei zunehmendem Mond der Fall sein dürfte. Bei Vollmond sollte man in diese Übungen nicht allzu große Erwartungen setzen. Aber natürlich ist es besser, überhaupt etwas zu tun – als gar nichts! Beachten Sie zu diesem Thema auch die entsprechenden Ratschläge in den Abschnitten »Aromatherapie, Gurgeln, Inhalieren«, »Massagen, Akupressur, Gymnastik« sowie »Meditation und Konzentration«.

Atemübungen Zu den grundlegendsten Methoden, um Stress und Ärger abzubauen oder sich auch einfach körperlich zu entspannen, gehören Atemübungen. Normalerweise atmet man ganz regelmäßig 16- bis 20-mal in der Minute. In Stresssituationen atmet man zu flach und zu hektisch. Und bei besonders hoher Konzentration auf eine Tätigkeit hält man oft sogar den Atem für einige Sekunden regelrecht an. Weil durch dieses falsche Atmen zu wenig Sauerstoff in die Zellen gelangt, werden die körperliche und geistige Leistungsfähigkeit eingeschränkt sowie die körperliche und seelische Anspannung noch erhalten, wenn die Ursache dafür eigentlich schon behoben ist.
Folgende Übungen können diesem Missstand entgegenwirken und schnell zur nötigen Entspannung beitragen:

- Man setzt sich aufrecht hin, hält mit dem rechten Daumen das rechte Nasenloch zu und atmet durch das linke ein. Dann hält man mit dem Zeigefinger derselben Hand das linke Nasenloch zu und atmet durch das rechte aus. Diese beiden Schritte wiederholt man etwa 3- bis 5-mal.
  Danach läuft dieselbe Übung seitenverkehrt. Man hält mit dem linken Daumen das linke Nasenloch zu und atmet durch das rechte ein. Dann hält man mit dem Zeigefinger derselben Hand das rechte Nasenloch zu und atmet durch das linke aus. Auch diese beiden Schritte wiederholt man 3- bis 5-mal.
- Man setzt sich aufrecht hin, atmet in vier kurzen Zügen hintereinander ein und zählt danach bis 16. Dann atmet man in 8 Zügen wieder aus. Diese Übung kann man problemlos mehrmals am Tag machen.

Entspannungsübungen Stress bedingt häufig seelische Probleme sowie körperliche Verkrampfungen und Verspannungen. Dagegen – falls bereits gegeben, aber auch schon als Vorbeugung – helfen viele Entspannungsübungen, die solche mentalen und physischen Extremsituationen abbauen oder eben gar nicht bzw. seltener aufkommen lassen: Autogenes Training, die Muskelrelaxation nach Jacobson, Qi Gong oder Yoga sind nur die bekanntesten Möglichkeiten. Es lohnt, sich darüber ausführlich zu informieren, den einen oder anderen Kurs bei einem ausgewiesenen Fachmann zu belegen und dann das Erlernte regelmäßig zur Entspannung von Körper und Seele einzusetzen. Sie werden es erleben: Entspannt sein kann man trainieren!

Lockerungsübungen Gegen die typischen körperlichen Verkrampfungen und Verspannungen im Alltag, z. B. Finger- und Unterarmschmerzen am Computer, helfen erfahrungsgemäß ganz einfache Lockerungsübungen für den ganzen Körper. So sollte man, falls der Schwerpunkt der beruflichen Tätigkeiten an Schreibtisch oder Computer ausgeführt wird, jede Stunde eine kleine Pause von ein paar Minuten einlegen: Dabei steht man vom Stuhl auf, streckt seine Arme zur Seite und zur Decke, schüttelt seine Beine aus, bewegt die Fußgelenke, lässt die Arme fallen, spielt mit den Schultern, kreist mit den Handgelenken und dehnt die Finger. Das entspannt und hält zudem wach.

Die Hand-, Fuß- und Nagelpflege

Ein Thema, das man ebenfalls nicht vernachlässigen sollte, sind sozusagen die Randgebiete der Körper- und Schönheitspflege – nämlich die Hand- und Fußpflege.

Geschmeidigkeit und Durchblutung

Schon ein paar Tropfen Baby- oder Olivenöl machen trockene, strapazierte Haut an Händen und Füßen wieder geschmeidig. Und Ihre Füße werden es Ihnen danken, wenn Sie ihnen nach einem anstrengenden Tag ein wohltuendes Fußbad und vielleicht auch eine Massage gönnen.

Tipp Gegen rissige und gerötete Haut an den Händen wirkt Zitronensaft sehr gut, mit dem man die Hände am besten mehrmals täglich einreibt. Das Händeeinreiben mit Zitronensaft hilft beispielsweise auch dagegen, dass sich beim Gemüseputzen Haut und Nägel unschön verfärben.

Handbalsam Gut geeignet für die Hände ist eine Hautcreme, die man leicht selbst herstellen kann: Man verwendet 15 bis 20 Tropfen eines Aromaöls für 50 Milliliter Neutralcreme. Geeignet sind beispielsweise regenerierendes Eukalyptusöl, Geraniumöl gegen gereizte Haut, erfrischendes Rosenöl oder auch wundheilendes Thymianöl.

Handbad Wichtig für ein Handbad ist vor allem eine ausreichend große Schüssel, in der die Hände entspannt liegen können und Hand, Finger sowie Handgelenk nicht geknickt werden müssen.
Verwendet wird für solch ein Bad in der Regel ein Kräuteraufguss, z. B. ein abgekühlter Pfefferminztee gegen schmerzende Gelenke oder ein warmer Kamillentee im Fall von kalten, rauen Händen. Nach dem Bad, das zwischen 5 und 10 Minuten dauern sollte, trocknet man die Hände gut ab.

Fußbäder Um einen Kräuterzusatz für ein Fußbad zu bereiten, nimmt man in aller Regel 3 gehäufte Esslöffel des Krauts und überbrüht es mit einem Viertelliter kochenden Wassers. Man lässt das Ganze dann 10 Minuten ziehen, seiht den Sud ab und setzt ihn dem Fußbadewasser zu.
Gegen Fußschweiß helfen beispielsweise Johanniskraut und Kamille sehr gut, gegen Durchblutungsstörungen Rosmarin und Weißdorn, gegen Ekzeme Kamille und Malve, gegen Insektenstiche Eibisch und Salbei, gegen schmerzende Füße Arnika und Safran sowie gegen Venenleiden besonders Ringelblume und Rosskastanie.

Wechselfußbad Das ist erfahrungsgemäß ein sehr wirksames Blutgefäßtraining, das für eine bessere Durchblutung sorgt und somit dazu beiträgt, dass man nicht mehr unter kalten Füßen zu leiden hat. Man füllt zwei Fußwannen mit Wasser. Die eine ist mit etwa 38 °C

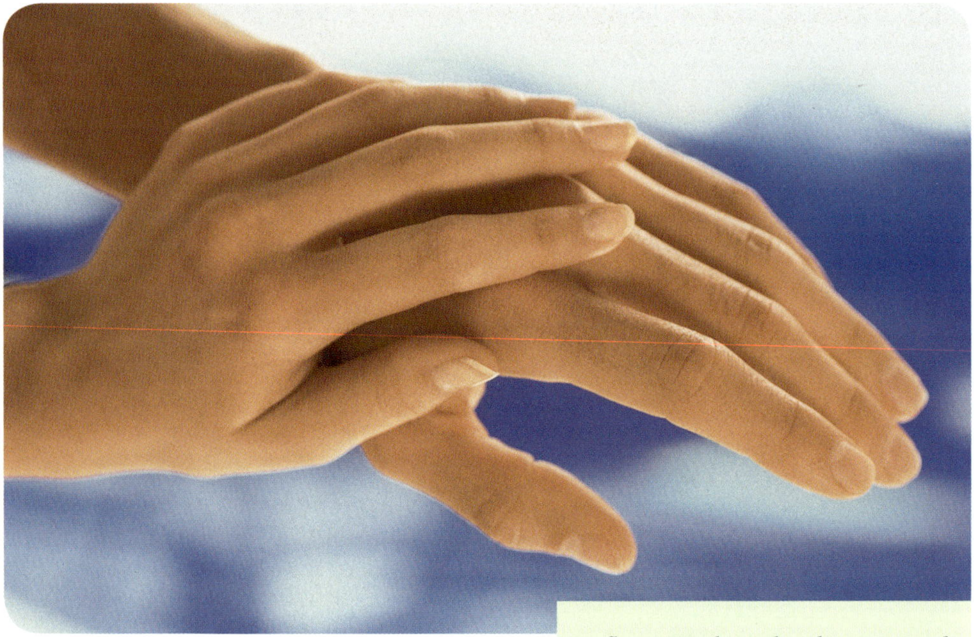

Gepflegte Hände sind nicht nur ein sehr schöner Anblick, sondern auch eine ausdrucksstarke »Visitenkarte«.

temperiert, die andere mit etwa 15 °C. Dann stellt man die Füße zunächst 2 bis 3 Minuten ins warme Wasser, danach für ca. 10 Sekunden ins kalte. Nach einer Wiederholung dieses Fußbads trocknet man die Füße ab und zieht sich warme Socken an.

Maniküre und Pediküre

Für das Schneiden, Feilen, Polieren der Hand- und Fußnägel gibt es optimale Zeitpunkte. Das sind zum einen die Tage, an denen der Mond im Steinbock steht, und zum anderen die Zeit des abnehmenden Mondes. Nicht so günstig ist die Phase des zunehmenden Mondes. Alle Zwillingetage sind für das Schneiden der Fingernägel und alle Fischetage für das Schneiden der Fußnägel ungünstig.

Tipp Eine alte Regel, die unabhängig von den Mondregeln gilt, lautet übrigens, dass man Nägel freitags schneiden sollte, weil sie dann fester werden.

Schöne Fingernägel Die folgenden Tipps helfen Ihnen, die Fingernägel auf ganz natürliche Weise zu pflegen.

- Gegen brüchige Fingernägel hilft Gelatine: 3 bis 4 Esslöffel Gelatine in einem Glas Wasser auflösen. Diese Lösung täglich trinken.
- Auch Glyzerin ist hilfreich: Abends die Hautporen der Hände in einem kurzen warmen Wasserbad öffnen. Danach die Fin-

gernägel mit Glyzerin einreiben und es vor allem gut in das Nagelbett einmassieren.

- Um bei schmutziger Hausarbeit Trauerränder unter den Fingernägeln zu vermeiden, sollte man unmittelbar zuvor in weiche Seife greifen. Der Raum zwischen Fingerkuppe und Nagel füllt sich mit Seife, und der Schmutz kann gar nicht erst eindringen.

Nagelkorrektur bzw. -entfernung

Muss man eingewachsene Nägel korrigieren, sollte man diese unangenehme Prozedur immer bei zunehmendem Mond, möglichst sogar an einem Steinbocktag vornehmen. Bei abnehmendem Mond korrigierte Nägel wachsen wieder »falsch« nach.

Anders ist es, wenn ein Nagel entfernt werden muss. Diese kleine Operation wird besser bei abnehmendem Mond durchgeführt, möglichst aber nicht an Zwillingetagen (Hände) bzw. Fischetagen (Füße), weil dann damit gerechnet werden muss, dass stärkere Schmerzen auftreten. Die Phasen des zunehmenden Mondes und des Vollmondes sind hierfür natürlich völlig ungeeignet.

Die Hautpflege

Die Mondphasen haben erfahrungsgemäß eine besonders deutliche Wirkung auf die Haut.

Bei zunehmendem Mond ist sie gut durchblutet, feucht und aufnahmebereit für Nährstoffe. Die Zeit ist jetzt sehr geeignet für alle Masken, die zum Aufbau der Haut beitragen. Am allergünstigsten ist dafür die Vollmondzeit.

Bei abnehmendem Mond hingegen ist die Haut eher trocken und schlechter durchblutet. Die Haut ist in dieser Phase bedeutend unempfindlicher gegen Schmerzen. Deshalb sind schmerzhafte Behandlungen, wie z. B. das Entfernen von Hautunreinheiten, weniger unangenehm. Maßnahmen zur Entgiftung und Tiefenreinigung der Haut sind nun ebenfalls begünstigt.

Aufbauende bzw. ernährende Hautpflege

Diese Art der Hautpflege nimmt man am besten bei zunehmendem Mond an einem Steinbocktag vor, aber auch generell bei zunehmendem Mond wirkt sie sehr gut. Weniger befriedigend ist die Wirkung, wenn die Maßnahmen zur Hauternährung bei abnehmendem Mond durchgeführt werden. Auch wenn Sie die Haut täglich mit einer Nährcreme behandeln, werden Sie den Unterschied spüren, wenn Sie einmal bewusst darauf achten. Wenn der Mond zunimmt, zieht die Creme deutlich besser und schneller ein als bei abnehmendem Mond.

Grundrezept für eine Hautcreme Es gibt ein einfaches Rezept, nach dem man seine Hautcreme selbst herstellen kann – egal ob sie für den gesamten Körper oder für einen ganz speziellen Bereich gedacht ist: Man vermischt 15 bis 20 Tropfen von einem oder mehreren Aromaölen mit 50 Milliliter Neutralcreme.

Bananenmaske für empfindliche Haut Man zerdrückt eine geschälte Banane und schlägt sie schaumig. Dann auf die saubere Gesichtshaut auftragen und 10 bis 15 Minuten einwirken lassen. Schließlich mit lauwarmem Wasser abwaschen.

Feuchtigkeitszufuhr für die Gesichtshaut Um der Haut auf ganz einfache Art genügend Feuchtigkeit zu spenden, ist Vaseline hervorragend geeignet: In die feuchte Gesichtshaut mit nassen Händen Vaseline einmassieren. Dabei die Hände so lange immer wieder befeuchten, bis das Gesicht nicht mehr glänzt. Die Feuchtigkeit der Hände bindet sich nämlich mit dem Fett der Vaseline und wird so in die Hautschichten eingebracht. Die Gesichtshaut wird dadurch wunderbar weich und glatt.

Hafermaske für abgespannte und erschöpfte Haut Man rührt aus Hafermehl und Wasser einen geschmeidigen Brei und trägt ihn auf die Gesichtshaut auf, dabei spart man aber die Augenpartien aus. Nach dem völligen Trocknen die Maske mit den Fingerspitzen abreiben und das Gesicht kurz mit lauwarmem Wasser abspülen.

Honigmaske für besonders empfindliche Haut Man erwärmt gut 5 Esslöffel Honig etwas höher, als es die Körpertemperatur ist. Danach auf die gereinigte Gesichtshaut auftragen und nach etwa 10 Minuten Einwirken mit lauwarmem Wasser abwaschen. Die Gesichtshaut wird dadurch wieder rosig und frisch.

Kur für weiche Ellenbogen Oft sind die Ellenbogen besonders beansprucht, und die Haut dort wird rissig, rau oder hornig. Dagegen hilft folgende Anwendung: In einem Wasserbad zwei Schüsselchen mit Olivenöl erwärmen. Die Ellenbogen eintauchen und das Öl 15 Minuten einwirken lassen. Nach einer guten Woche kann man einen deutlichen Erfolg sehen.

Gesichtsmasken zur Hautstraffung

Solch eine Maske kann bei zunehmendem Mond im Steinbock, aber auch bei zunehmendem Widdermond wahre Wunder bewirken. Auch an allen anderen Tagen bei zunehmendem Mond ist diese Anwendung günstig. Weniger Erfolg wird man bei abnehmendem Mond verspüren. In dieser Zeit ist natürlich eine Maske mit adstringierender Wirkung viel besser angebracht.

Feuchtigkeitsmaske Man stellt sie aus 1 Eidotter und 1 Teelöffel Mayonnaise her. Diese Creme gleichmäßig im Gesicht verreiben. Nach 20 Minuten Einwirken mit warmem Wasser befeuchten, damit sich die Hautporen wieder schließen. Nach weiteren 5 Minuten die Creme mit lauwarmem Wasser abwaschen.

Karottenmaske Man vermischt etwas Karottensaft mit einem halben Eigelb und 2 Tropfen Olivenöl. Das Gesicht mit dieser Creme einreiben und die Maske etwa 5 Minuten einwirken lassen. Danach mit lauwarmem Wasser gut abwaschen.

Peelings

Wenn man die Haut auf diese Weise von rauen, abgestorbenen Partikeln reinigen bzw. befreien will, wählt man dafür die Zeit des abnehmenden Mondes, vermeidet dabei aber Krebs- und Fischetage.
Ein Peeling bei zunehmendem Mond oder sogar an Krebs- oder Fischetagen in dieser Mondphase kann zu starken Rötungen oder sogar lokalen Hautentzündungen führen.

Die Reinigung der Haut

Sehr günstig ist es, wenn man sie bei abnehmendem Mond im Steinbock vornimmt. Aber auch entsprechende Gesichtsmasken an Widdertagen bei abnehmendem Mond reinigen intensiv und sind zugleich sehr entspannend.

Weniger erfolgreich ist die Tiefenreinigung bei zunehmendem Mond und ungünstig an einem Steinbocktag bei zunehmendem Mond.

Tipp Diese Empfehlungen gelten auch für die manuelle Entfernung von kleinen Pickeln, Pusteln oder Mitessern. Aber Vorsicht – dabei kann man der Haut oftmals mehr schaden als nutzen. Es ist immer besser, man vertraut sich damit einem Arzt oder der ausgebildeten Kosmetikerin an.
Bei der Terminvereinbarung sollte man sich aber schon nach dem Mond richten, wenn das irgendwie möglich ist.

Gurkenlotion für die sanfte Hautreinigung Diese Lotion ist leicht selbst herzustellen: Den Saft einer halben Gurke mit 20 Milliliter 70-prozentigem Alkohol, 40 Milliliter Mandelöl und einem Spritzer Zitronensaft gut vermischen. Die Lotion kühl lagern und abends mit einem Wattebausch auftragen. Etwa 15 Minuten einwirken lassen, danach mit lauwarmem Wasser abwaschen.

Gesichtsmaske für eine tiefer gehende Hautreinigung Man verrührt 30 Gramm weiße Tonerde mit Kamillentee, bis sich eine cremige Masse bildet. Diese Maske dünn auftragen und nicht länger als 10 Minuten einwirken lassen. Nach dem gründlichen Abspülen mit lauwarmem Wasser die Haut gut eincremen.
Man kann die Wirkung der Maske noch optimieren, wenn man zuvor ein Gesichtsdampfbad gemacht hat: Hierfür wird eine Hand voll Kamillenblüten in einer Schale mit heißem Wasser überbrüht. Den entstehenden Dampf lässt man auf sein Gesicht einwirken, das man dicht darüber hält.

Walnusslotion für die tägliche Grundreinigung
Um diese Lotion zuzubereiten, kocht man 1 Hand voll klein geschnittener Walnussblätter mit 200 Milliliter destilliertem Wasser 30 Minuten lang. Den Sud nach dem Abseihen mit 50 Milliliter Hamameliswasser mischen. Diese fettbindende Lotion kann wunderbar für die tägliche Abendreinigung der Haut verwendet werden.

Die Haarpflege

Ob und wie jemand gepflegt ist, kann man oftmals auch sehr schnell an den Haaren bzw. der Frisur erkennen. Auch beim pfleglichen Umgang mit unserem natürlichen Schmuck kann der Mond helfen.

Eine Dauerwelle legen

Wer auf diese Weise seiner Frisur Form und Halt geben möchte, sollte sich die Haare möglichst an einem Jungfrautag legen lassen. Ist vorher noch ein Schnitt erforderlich, sollte man zusätzlich die Mondphase berücksichtigen.

Der Haarschnitt

Für den optimalen Friseurtermin gibt es mehrere Möglichkeiten, die der Mond begünstigt: Wer will, dass seine Haare langsamer, aber dafür dichter nachwachsen, sollte seinen Friseurbesuch für die Zeit des abnehmenden Mondes einplanen. Am allerbesten ist ein Löwetag. Weniger günstig sind Tage, an denen der Mond im Krebs oder in den Fischen steht. Vor allem an Krebs- oder Fischetagen bei zunehmendem Mond findet die Frisur keinen richtigen Halt.
Sollen die Haare rasch nachwachsen und lang werden, sollte der Figaro die Schere bei zunehmendem Mond ansetzen, besonders an

einem Löwetag. Nicht so günstig wäre dies ebenfalls wieder an Krebs- oder Fischetagen, ganz ungünstig aber, wenn an diesen Tagen der Mond auch noch abnimmt.

Eine Haarfärbung bzw. -tönung

Wer das erste Grau dezent verdecken oder aber mit frischen und frechen Farben brillieren will, ist gut beraten, wenn er seine Haare bei zunehmendem Mond an Zwillinge- oder Waagetagen färben lässt oder eine Tönung aufträgt. Auch ein Wassermanntag, ebenfalls bei zunehmendem Mond, ist geeignet. Nach Möglichkeit sollte man bei abnehmendem Mond auf das Färben und Tönen verzichten, weil die Haare zu dieser Zeit die färbenden Substanzen schlechter annehmen und leicht ein strähniger, streifiger Eindruck entstehen kann.

Die Haarwäsche

Je nach Konstitution der Haare und entsprechend der täglichen Beanspruchung wird man die Haare mehr oder weniger oft waschen müssen. Wenn es geht, sollte man das nicht jeden Tag tun, um Haare und Kopfhaut zu schonen. Sehr günstig sind die Tage, wenn sich der Mond – unabhängig von der Mondphase – in einem Luftzeichen (Zwillinge, Waage und Wassermann) aufhält. Geeignet sind auch Feuertage (Widder, Löwe und Schütze). Wenn man es einrichten kann, sollte die Haarwäsche aber an Krebs- und Fischetagen ausfallen, da die Haare dann an Glanz und Fülle verlieren können.

Kuren für Haar und Kopfhaut Die folgenden Tipps helfen Ihnen, Haare und Kopfhaut auf ganz natürliche Weise zu pflegen.

- Ein Sud aus Rosmarinblättern belebt die Kopfhaut und stärkt kraftloses Haar: Rosmarinblätter 1 Stunde lang in kochendem Wasser ziehen lassen. Danach die Flüssigkeit als Haarspülung verwenden.
- Für angegriffenes Haar eignet sich eine Eigelbkur: Je nach Haardichte 1 bis 2 Eier schaumig rühren, auf der Kopfhaut verteilen und leicht einmassieren. Nach etwa 15 Minuten mit einem milden Shampoo auswaschen. Diese Kur am besten zweimal die Woche anwenden!
- Die Zwiebel gehört zu den bewährtesten Haarwuchsmitteln. Aufgrund ihres hohen Gehalts an Schwefel, der für den Aufbau der Haarsubstanz wichtig ist, macht sie Haare kräftiger und fülliger: Eine Zwiebel halbieren und mit der Schnittfläche 10 bis 15 Minuten die Kopfhaut massieren. Anschließend das Haar mit einem pH-neutralen Shampoo waschen.
- Auch eine regelmäßige Bierwäsche mit jeweils 0,2 Liter Gerstensaft kräftigt die Haare: Das Haar mit warmem Wasser spülen, dann die erste Hälfte des Biers in die Kopfhaut einmassieren und 15 Minuten einwirken lassen. Die Haare erneut mit warmem Wasser spülen und das restliche Bier einmassieren. Danach die Haare kämmen und das Bier trocknen lassen. In aller Regel zieht es jetzt so gut in die Kopfhaut ein, dass kein Geruch zurückbleibt.
- Fettige Haare kann man mit einem Sud aus Pfefferminzeblättern kurieren: Auf 1 Liter Wasser 4 Teelöffel Pfefferminzeblätter geben, alles zum Kochen bringen, abkühlen lassen und abseihen. Nach dem Haarewaschen diesen Sud wie eine Pflegespülung über die Haare gießen.
- Trockene Haare bekommt man mit Ölmassagen besser in den Griff: Je 50 Gramm

Mandel-, Oliven- und Rizinusöl mit 5 Gramm Rosmarinöl vermischen. Diese Ölmischung vor der Nachtruhe in die Kopfhaut einmassieren und ein Handtuch um die Haare wickeln. Am nächsten Tag das Haar mit Kamillentee und alkalifreiem Shampoo waschen.

- Gegen Schuppen kann einfaches Tafelsalz helfen: Vor dem Waschen aufs trockene Haar geben und damit die Kopfhaut massieren. Anschließend wie gewohnt die Haare waschen.
- Das »Wundermittel« Teebaumöl hilft gegen Haarausfall, trockene und fette Haare sowie Schuppen. Ein paar Tropfen reines Teebaumöl, in die Kopfhaut einmassiert, regen den Haarwuchs an. Teebaumöl reguliert die Talgdrüsentätigkeit und kann deshalb gegen fettige wie trockene Haare eingesetzt werden: Hierzu je nach Haarlänge 20 bis 30 Tropfen des Öls 100 Milliliter mildem, pH-neutralem Shampoo zugeben. Und 60 Tropfen Teebaumöl, mit 100 Milliliter pH-neutralem Shampoo vermischt, wirken intensiv gegen Schuppen.

Die Körperhaarentfernung

Zur Entfernung lästiger oder überflüssiger Körperhaare sind Steinbocktage bei abnehmendem Mond besonders geeignet. Ist kein Steinbocktag in Sicht, dann tut es auch jeder andere Tag

Wer bei seiner Haarpflege auf den Mondrhythmus achtet, wird sich bald über sichtbare Ergebnisse freuen können.

während dieser Mondphase. Die Haarentfernung ist dann weniger schmerzhaft, und die Haare wachsen deutlich langsamer nach, als wenn man sie bei zunehmendem Mond oder gar bei Vollmond auszupft.

Die Rasur

Wie alle Haare wachsen auch die Barthaare etwas schneller nach, wenn man sie bei zunehmendem Mond schneidet. Wer seinen Bart also nur gelegentlich stutzt, wählt besser den abnehmenden Mond.

Die Hühneraugen- und Warzenbehandlung

Um lästige Warzen zu entfernen, sollte man eine entsprechende Behandlung unmittelbar nach Vollmond beginnen und bei abnehmendem Mond weiterführen. Dauert die Entfernung länger, ist es besser, die Behandlung ab Neumond zu unterbrechen und erst bei erneut abnehmendem Mond wieder aufzunehmen.
Nach überlieferten Auffassungen kommen Warzen, die bei zunehmendem Mond an einem Krebstag behandelt wurden, immer wieder. An einem solchen Tag soll man die Warze nicht einmal berühren.
Auch Hühneraugen entfernt man am besten bei abnehmendem Mond. Von größtem Vorteil ist es dabei, wenn der Mond gerade im Wassermann steht. Bei zunehmendem Mond ist die Entfernung schwieriger, schmerzhafter und weniger erfolgreich.

Hühneraugenentfernung Ein altes Hausmittel gegen Hühneraugen sind Zwiebeln mit Zitrone: Auf eine Zwiebelscheibe etwas Zitronensaft träufeln. Über Nacht mit Heftpflaster auf dem Hühnerauge fixieren. Nach acht Nächten sollte sich das Hühnerauge ziemlich leicht herauslösen lassen.

Nachbehandlung Um nach der Hühneraugenentfernung wieder die natürliche Festigkeit der Haut herzustellen, wird die betroffene Stelle mit einer Mischung aus 15 Gramm Benzoetinktur, 0,5 Gramm Kampfer, 120 Milliliter Rosenwasser und 60 Milliliter Weingeist regelmäßig abgewaschen.

Warzenentfernung Wer mehrmals täglich die störende Warze mit Rizinusöl bestreicht, trägt wirksam zur Hemmung des Wachstums und schließlich zum Absterben der Warze bei.

Massagen, Akupressur, Gymnastik

Eines haben alle Anwendungen der Massage, Akupressur und Gymnastik gemein: Sie wirken anregend oder beruhigend auf ein Organ oder einen ganzen Körperbereich. Beim Massieren wird mittels Streichen, Kneten oder Klopfen des Körpergewebes für Kräftigung bzw. Entspannung und Entgiftung gesorgt. Bei der Akupressur werden durch den Fingerdruck auf bestimmte Körperpunkte die mit ihnen verbundenen Organe bzw. Körperbereiche angeregt oder beruhigt. Und Gymnastik versucht auf dem Weg von Bewegungsübungen den Körper zu stärken bzw. zur Heilung gewisser Körperschäden beizutragen.

Fußreflexzonenmassage

Die Fischetage bei zunehmendem Mond sind bestens für eine aufbauende bzw. regenerierende Fußreflexzonenmassage geeignet. Wenn der zunehmende Mond in einem der anderen

Zeichen steht, kann diese Massage aber auch empfohlen werden. Bei abnehmendem Mond – und vor allem an Löwetagen – wird der Effekt nur gering sein.
Eine entspannende bzw. ausleitende Massage der Fußreflexzonen ist am wirksamsten, wenn der abnehmende Mond in den Fischen steht. Die anderen Termine während dieser Phase sind aber auch geeignet. Bei Vollmond ist diese Fußreflexzonenmassage ungünstig.

Kräftigende und entspannende Anwendungen

Heilende, d. h. kräftigende Anwendungen (ob durch Massage, Akupressur oder Gymnastik) für den Bewegungsapparat, aber auch für die anderen Körperbereiche, sind sehr wirksam bei zunehmendem Mond in dem Zeichen, das die betreffende Körperregion bestimmt.
Bei abnehmendem Mond haben Anwendungen eine stärker entspannende Wirkung. Für beide Ausrichtungen ist der Vollmond eher nicht geeignet.

Bauchbehandlung Durch diese sanfte, etwa 10-minütige Massage werden die Verdauungsorgane gut durchblutet und entspannen sich: Man legt sich auf den Rücken und streicht sich in langsamen Kreisbewegungen mit der flachen Hand über den gesamten Bauch. Diese Streichbewegungen sollten im Uhrzeigersinn ausgeführt werden – zuerst von außen nach innen und dann von innen nach außen, wobei der Nabel immer das Zentrum bildet. In einem zweiten Schritt wird die Hand sehr langsam vom Brustbein aus gerade nach unten über den Bauch geführt. Dabei stellt man sich vor, wie die Wärme der Hand immer tiefer in den Bauchraum eindringt.

Training für die Beckenbodenmuskulatur Es gibt drei einfache Übungsschritte, mit denen man den Schließmuskel trainieren und gegen Blasenschwäche vorbeugen, den Beckenbereich entspannen und die sexuelle Empfindsamkeit steigern kann:
Bei jedem Urinieren wird der Harnstrahl 2- bis 3-mal durch das Zusammenziehen der Beckenbodenmuskeln unterbrochen. Danach werden die Beckenbodenmuskeln ein paar Mal so schnell wie möglich angespannt und dann wieder entspannt. Zuletzt zieht man den Beckenboden stufenweise hoch und lässt ihn langsam wieder sinken.

Akupressur gegen niedrigen Blutdruck Die etwa 1-minütige Akupressur wird mehrmals täglich angewendet, wenn man sich müde fühlt:
Man sucht zunächst den so genannten Qihai-Punkt, der ca. 5 bis 10 Millimeter unterhalb des Bauchnabels liegt, und massiert ihn kreisförmig mit Daumen, Mittel- und Ringfinger. Dabei wechselt man rhythmisch immer wieder den Druck, der allerdings niemals so stark sein sollte, dass es schmerzt.

Gymnastik gegen Durchblutungsstörungen der Beine Um Ober- und Unterschenkel besser zu durchbluten, kann man folgende gymnastische Übungen anwenden:
Man wippt sich im Stehen auf die Zehenspitzen und wieder zurück – ca. 20-mal täglich. Man wippt sich im Stehen auf die Zehenspitzen, lässt dabei aber abwechselnd eine Ferse unten – ungefähr 20- bis 30-mal täglich. Man macht jeden Tag mindestens 10 Kniebeugen. Oder man benutzt anstatt eines Aufzugs immer die Treppen – und das möglichst auch noch auf den Zehenspitzen.

Isometrische Übungen gegen Muskelerschöpfungszustände Gegen durch Untätigkeit schlaff gewordene Muskeln hilft Folgendes: Man spannt etwa 10 Sekunden einen Muskel (z. B. den Bizeps) oder eine ganze Muskelgruppe an und lässt dann wieder locker. Diese Übung wird 4-mal wiederholt.

Isometrische Übung zur Anregung der Herztätigkeit Diese Übung mobilisiert die Herztätigkeit: Die Handinnenflächen wie beim Gebet aneinander legen und die Hände so vor das Gesicht halten, dass die Fingerspitzen nach oben gerichtet sind. Dann die Hände etwa 1 Minute kräftig gegeneinander pressen, dass die Arm- und Schultermuskeln spürbar wärmer werden. Die Übung eignet sich besonders am Morgen im Sitzen, bevor man das Bett verlässt. Mehrmals am Tag wiederholen!

Akupressur gegen Hexenschuss und Ischias Für diese Akupressur liegt man auf dem Rücken und legt die Unterschenkel auf einen Stuhl oder Hocker, damit jedes Bein etwa einen 90-Grad-Winkel beschreibt. Dann versucht man, mittels Zwerchfell aus dem Bauch zu atmen. In dieser Ruhestellung lässt man sich von jemand anderem die Akupressurpunkte an der inneren Fußsohlenkante in der Nähe der Ferse sanft massieren. Das entspannt vor allem die tiefen Rückenmuskeln.

Diese Körperhaltung ist die ideale Ausgangsposition für verschiedenste Atemübungen und andere Anwendungen.

Akupressur gegen Kopfschmerzen und Migräne Es gibt einen Akupressurpunkt am Mittelgelenk des Ringfingers (auf der dem kleinen Finger zugewandten Seite), den man mit einer Fingerkuppe 1 Minute lang kräftig massiert. Dies geschieht zuerst an der Hand, die der geringer schmerzenden Kopfseite entspricht, danach an der anderen Hand. Die Anwendung hilft vor allem im Fall von Spannungskopfschmerzen.

Yoga gegen Krampfadern Diese ideale Übung für jeden Morgen und Abend fördert den Blutfluss: Man liegt auf dem Rücken und legt die Unterschenkel auf einen Stuhl oder Hocker, damit jedes Bein etwa einen 90-Grad-Winkel beschreibt. Die Arme liegen entspannt neben dem Körper, und man atmet langsam und tief mittels Zwerchfell aus dem Bauch heraus.

Massagen gegen Muskelkater Wer vor einer sportlichen Betätigung mit ein paar Tropfen reinem Teebaumöl seine Muskeln einreibt, trägt zu deren Entspannung bei und setzt somit die Verletzungsgefahr herab. Hat man sich aber bereits einen Muskelkater zugezogen, sollte man 2-mal täglich für ca. 5 Minuten die betroffenen Muskeln mit einem Massageöl einreiben, das aus 8 bis 10 Tropfen Teebaumöl und 1 Esslöffel Olivenöl besteht. Das kann die Schmerzen wesentlich lindern.

Übung gegen Verspannungen im Nacken- und Schulterbereich Man stellt sich für diese Übung in eine frei zugängliche Ecke irgendeines Raumes mit dem Gesicht zu den beiden sich berührenden Wänden: Die beiden Arme waagrecht ausstrecken, dass die Fingerspitzen die Wände berühren, und mit der Brust so nah an die Ecke heranrücken, bis man ein leichtes Ziehen in den Schultern spürt. In dieser Stellung 1 bis 2 Minuten verharren und dabei den Kopf langsam nach oben und unten bewegen. Das entspannt und kräftigt zugleich die betroffenen Partien.

Partnermassage Die Massage des Partners mit bestimmten Massageölen, um ihn sexuell zu stimulieren, ist eine erfolgreiche Methode aus der Aromatherapie. Das Öl wird am unteren Rücken, am Steiß und an den Innenseiten der Oberschenkel aufgetragen und sanft einmassiert. Man darf es dabei aber nicht auf die Genitalien oder den After bringen.
Die Massageölmischung besteht aus 10 Millilitern Jojobaöl mit jeweils 2 Tropfen von 3 Aromaölen. Typische Ole für die Frau sind z. B. Iris, Neroli, Jasmin, Rose und Ylang-Ylang. Entsprechende Öle für den Mann sind Bohnenkraut, Ingwer, Kardamom und Sandelholz.

Akupressur gegen zu starke Periode Überlange und sehr starke Blutungen während der Periode können durch die Massage eines Punkts gelindert werden, der ca. eine Handbreit unterhalb des Knies an der Beininnenseite liegt. Dieser Punkt wird an beiden Beinen mit Zeigefinger und Daumen 3-mal täglich für 3 Minuten massiert.

Akupressur gegen Rückenschmerzen Man braucht dafür den so genannten Yaoshu-Akupressurpunkt, der auf dem Lenkergefäß am Ende der Pofalte zwischen Steiß- und Kreuzbein liegt. Dieser Punkt wird mit den Fingerkuppen von Mittel- und Zeigefinger in kreisenden Bewegungen massiert, die im Uhrzeigersinn von innen nach außen verlaufen sollen. Das wirkt sehr beruhigend.

Akupressur gegen Schlafstörungen Man sucht dafür einen Punkt an der mittleren Handgelenksfalte unter dem Kleinfingerballen, der deutlich als Kuhle spürbar ist. Dieser Akupressurpunkt wird sowohl an der linken als auch der rechten Hand mit Mittel- und Zeigefinger jeweils 1 Minute massiert.

Meditation und Konzentration

Sich nach Ärger oder Streit wieder zu sammeln, sich bei der Arbeit besser zu konzentrieren oder sich bewusst einer Meditation zu unterziehen gelingt am besten an Wassertagen (Krebs, Skorpion und Fische), optimalerweise bei zunehmendem Mond. Da ist es erfahrungsgemäß einfach leichter, zu sich selbst zu finden, um danach den Herausforderungen des Alltags wieder mit neuen seelischen Kräften zu begegnen. Daneben können auch alle Vollmondtage sehr ergiebige Meditationstermine sein.
Natürlich sind diesbezügliche Maßnahmen auch zu anderen Terminen dienlich. Allerdings hat man bei abnehmendem Mond in Widder, Löwe und Stier in aller Regel große Schwierigkeiten, zu seiner Mitte zu finden.

Schritte in die Meditation Die wichtigste Voraussetzung für das Gelingen einer Meditation ist ein ruhiges Umfeld – vielleicht ein spezieller Raum oder eine persönliche »Nische«.
Man muss nicht eine der typischen Sitzhaltungen einnehmen, wie sie im Yoga beschrieben werden. Aber zumindest das aufrechte Sitzen auf einem Stuhl sollte gewährleistet sein.
Falls man einen Meditationsgegenstand (wie z. B. eine brennende Kerze) vor sich stehen hat, sollte man seine halb geschlossenen Augen zunächst darauf fixieren, allmählich aber schließen und den Blick »nach innen« wenden. Man kann seine Augen allerdings auch gleich schließen und quasi nach innen auf den Punkt hinter der Nasenwurzel richten.
Wenn man sich nun immer stärker auf diesen Punkt konzentriert, wird man zunehmend intensiv spüren, dass man eins wird mit diesem Punkt und ihn nicht mehr nur »von außen betrachtet«.
In dieser Stimmung fällt es jetzt bedeutend leichter, sich mit einem Thema zu beschäftigen, das einen gerade umtreibt – und zwar nicht grüblerisch, sondern vielmehr intuitiv und spontane Eingebungen zulassend.

Schritte zur Konzentration Auch für die Steigerung oder das Wiedererlangen der Konzentration ist eine gerade Sitzhaltung (am besten auf einem Stuhl) vonnöten. Man hält dabei den Kopf aufrecht und das Kinn leicht zum Brustbein geneigt. Ob man dann die Augen schließt oder vor sich auf den Boden richtet, ist dem persönlichen Geschmack überlassen.
Gedanken, die nun in den Sinn kommen, nimmt man einfach wahr und lässt sie wieder los. Man sollte sie weder zwanghaft zu verscheuchen suchen, noch sollte man ihnen folgen. Auch um ein Sichverfangen in den Gedanken zu vermeiden, achtet man zwischendurch nur auf das Atmen. Danach lässt man seine Gedanken wieder zu.
Sollte sich ein ganz spezieller Gedanke ständig in das Bewusstsein drängen – aus welchen Gründen auch immer –, konzentriert man sich schließlich voll auf ihn.
Dadurch wird neue Energie freigesetzt, die dazu befähigt, seine Konzentration wieder ausschließlich auf das zu richten, worauf man sich im Moment eigentlich auch konzentrieren sollte.

Die wichtigsten Maßnahmen im Überblick

Die folgende Zusammenstellung bietet eine klare Orientierung, um für eine Anwendung schnell den optimalen Termin zu finden.

Aromatherapie

Sehr günstig Wenn der Mond in dem Tierkreiszeichen steht, das die zu behandelnde Körperregion dominiert

Augenpflege

Sehr günstig An allen Widdertagen

Bäder, anregende

Sehr günstig Bei zunehmendem Mond an Lufttagen (Zwillinge, Waage, Wassermann)
Günstig An Lufttagen (Zwillinge, Waage, Wassermann)
Weniger günstig Bei abnehmendem Mond an Erdtagen (Stier, Jungfrau, Steinbock)

Bäder, aphrodisische

Sehr günstig Bei Vollmond an den Feuertagen (Widder, Löwe, Schütze)
Günstig Bei abnehmendem Mond an den Feuertagen (Widder, Löwe, Schütze)
Weniger günstig Bei zunehmendem Mond an Wassertagen (Krebs, Skorpion, Fische)

Bäder, beruhigende

Sehr günstig Bei abnehmendem Mond an Wassertagen (Krebs, Skorpion, Fische)
Günstig An Wassertagen (Krebs, Skorpion, Fische)
Weniger günstig Bei zunehmendem Mond an den Feuertagen (Widder, Löwe, Schütze)

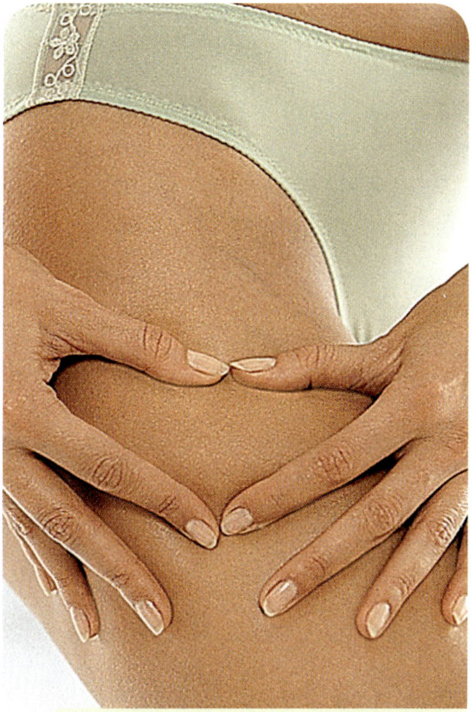

Das Geheimrezept: Massagen zum richtigen Zeitpunkt!

Ungünstig Bei Vollmond, weil solche Bäder jetzt zu sehr erschöpfen können

Bäder, heilende

Sehr günstig Bei zunehmendem Mond an den Erdtagen (Stier, Jungfrau, Steinbock)
Günstig An Erdtagen (Stier, Jungfrau, Steinbock)
Weniger günstig Bei abnehmendem Mond

Bewegungsapparat stärken

Sehr günstig Bei zunehmendem Mond

Weniger günstig Bei abnehmendem Mond
Ungünstig Bei Neumond

Brennnesselkur (zur Blutreinigung)

Sehr günstig Bei abnehmendem Mond
Weniger günstig Bei zunehmendem Mond

Entspannungsübungen

Sehr günstig Bei abnehmendem Mond
Günstig Bei Neumond
Weniger günstig Bei zunehmendem Mond
Ungünstig Bei Vollmond

Fußpflege (Haut und Nägel)

Sehr günstig An Steinbocktagen
Günstig Bei abnehmendem Mond
Weniger günstig Bei zunehmendem Mond
Ungünstig An Fischetagen das Nägelschneiden

Fußreflexzonenmassage, aufbauende bzw. regenerierende

Sehr günstig Bei zunehmendem Mond an Fischetagen
Günstig Bei zunehmendem Mond
Weniger günstig Bei abnehmendem Mond
Ungünstig Bei abnehmendem Mond an den Löwetagen

Fußreflexzonenmassage, ausleitende bzw. entspannende

Sehr günstig Bei abnehmendem Mond an Fischetagen
Günstig Bei abnehmendem Mond
Weniger günstig Bei zunehmendem Mond
Ungünstig Bei Vollmond

Haare färben bzw. tönen

Sehr günstig Bei zunehmendem Mond an Zwillinge- oder Waagetagen
Günstig An Wassermanntagen
Ungünstig Bei abnehmendem Mond

Haare schneiden, wenn sie dichter nachwachsen sollen

Sehr günstig Bei abnehmendem Mond an Löwetagen
Weniger günstig An Krebs- oder Fischetagen
Ungünstig Bei zunehmendem Mond an Krebs- oder Fischetagen

Haare schneiden, wenn sie schneller nachwachsen sollen

Sehr günstig Bei zunehmendem Mond an Löwetagen
Weniger günstig An Krebs- und Fischetagen
Ungünstig Bei abnehmendem Mond an Krebs- und Fischetagen

Haare waschen

Sehr günstig An Lufttagen (Zwillinge, Waage, Wassermann)
Günstig An allen Feuertagen (Widder, Löwe, Schütze)
Ungünstig An Krebs- und Fischetagen

Handpflege (Haut und Nägel)

Sehr günstig An Steinbocktagen
Günstig Bei abnehmendem Mond
Weniger günstig Bei zunehmendem Mond
Ungünstig An Zwillingetagen das Schneiden der Nägel

Hautpflege, aufbauende bzw. ernährende

Sehr günstig Bei zunehmendem Mond an einem Steinbocktag
Günstig Bei zunehmendem Mond
Weniger günstig Bei abnehmendem Mond

Hautpflege, reinigende

Sehr günstig Bei abnehmendem Mond an einem Steinbocktag
Günstig Bei abnehmendem Mond
Weniger günstig Bei zunehmendem Mond
Ungünstig Bei zunehmendem Mond an einem Steinbocktag

Hühneraugen entfernen

Sehr günstig Bei abnehmendem Mond im Wassermann Behandlung beginnen
Günstig Bei abnehmendem Mond
Ungünstig Bei zunehmendem Mond

Körperhaare entfernen

Sehr günstig Bei abnehmendem Mond an einem Steinbocktag
Günstig Bei abnehmendem Mond
Weniger günstig Bei zunehmendem Mond nicht zu empfehlen

Massagen, entspannende

Sehr günstig Bei abnehmendem Mond in dem Tierkreiszeichen, das die betreffende Körperregion bestimmt
Günstig Bei abnehmendem Mond
Weniger günstig Bei zunehmendem Mond
Ungünstig Bei Vollmond

Massagen, kräftigende

Sehr günstig Bei zunehmendem Mond in dem Tierkreiszeichen, das die betreffende Körperregion bestimmt
Günstig Bei zunehmendem Mond
Weniger günstig Bei abnehmendem Mond

Meditation

Sehr günstig Bei zunehmendem Mond an den Wassertagen (Krebs, Skorpion, Fische)
Günstig An den übrigen Wassertagen und allgemein bei Vollmond
Weniger günstig Bei abnehmendem Mond an Widder-, Löwe- und Stiertagen

Nägel (eingewachsene) korrigieren

Sehr günstig Bei zunehmendem Mond an einem Steinbocktag
Günstig Bei zunehmendem Mond
Weniger günstig Bei abnehmendem Mond

Nägel (eingewachsene) ziehen

Sehr günstig Bei abnehmendem Mond, aber nicht an einem Fischetag
Günstig Bei abnehmendem Mond
Weniger günstig Bei zunehmendem Mond
Ungünstig Bei zunehmendem Mond an einem Fischetag

Saunabad

Sehr günstig Bei abnehmendem Mond in einem Feuerzeichen (Widder, Löwe, Schütze) äußerst erholsam
Günstig Bei abnehmendem Mond
Weniger günstig Bei Vollmond

Sonnenbad

Günstig Bei abnehmendem Mond, außer an Feuer- und Steinbocktagen
Weniger günstig Bei zunehmendem Mond, vor allem an Feuer- und Steinbocktagen

Warzen entfernen

Sehr günstig Bei abnehmendem Mond (direkt nach Vollmond)
Günstig Bei abnehmendem Mond
Weniger günstig Bei zunehmendem Mond
Ungünstig Bei zunehmendem Mond an einem Krebstag

LIBRA
VIRGO
LEO
CANCER
GEMINI
TAURUS
ARIES
PISCES
AQVARIVS
SCORPIVS
SAGITTARIVS
Corvus
Bootes
Coma Berenices
Vrsa maior
Vrsa minor
Draco
Serpens
Serpentarius
Aquila
Lyra
Cygnus
Delphinus
Equuleus
Pegasus
Andromeda
Cepheus
Cassiopeia
Perseus
Auriga
Orion
Triangulum
Tropicus
Colurus

Die Grundkonstellationen im Überblick

Bei seinem Erdumlauf durchwandert der wechselnde Mond für jeweils zwei bis drei Tage ein Zeichen des Tierkreises. Wie ja bekannt ist, verleihen diese Zeichen der Mondkraft eine bestimmte Qualität. Diese Qualität kann sich unterschiedlich auswirken – je nachdem, in welcher Phase der Mond sich während des Durchgangs gerade befindet. Manche Wirkungen werden dennoch hauptsächlich durch das Tierkreiszeichen hervorgerufen.

Geht man von den vier Mondphasen aus, ergeben sich während eines Kalenderjahres aufgrund der 12 Tierkreiszeichen insgesamt 48 mögliche Grundkonstellationen mit jeweils unterschiedlichen Wirkungsspektren. Jede dieser Konstellationen ist von anderer Dauer. Vollmond und Neumond verweilen während des Kalenderjahres nur etwa einen Tag in jedem der Tierkreiszeichen, während zu- und abnehmender Mond sich jeweils für etwa 14 Tage in einem Tierkreiszeichen befinden. In der Tabelle auf Seite 22 ist die jahreszeitliche Verteilung der einzelnen Mondphasen und -stände zusammengefasst.

48 Grundkonstellationen

In den folgenden Übersichten ist für jede dieser 48 Grundkonstellationen aufgelistet, was an diesem Tag empfehlenswert ist und was man besser unterlassen sollte.

Geordnet nach den Tierkreiszeichen, finden Sie hier zu den jeweils vier Mondphasen alles, was günstig ist, um zu größerem körperlichem Wohlgefühl und zu mehr seelischem Ausgleich beizutragen. Aber auch das, was sich jetzt ungünstig auswirken würde, ist hier vermerkt. Auf diese Weise erhalten Sie schnell den nötigen Überblick und können das eine oder andere leichter in Hinblick auf den Rhythmus des Mondes planen.

Unter Zuhilfenahme der im Anhang zusammengestellten Monddaten für die Jahre 2006 bis 2020 können Sie sich aus diesen Anregungen einen ganz persönlichen Mondkalender zusammenstellen, der Sie durch das jeweilige Jahr führt. Denn in diesen Daten finden Sie übersichtlich für jeden Tag sowohl das wirkende Tierkreiszeichen als auch die gegebene Mondphase verzeichnet.

Eigene Erfahrungen

Bedenken Sie dabei aber immer, dass die hier gegebenen Ratschläge keine Dogmen sind. Sie wollen und sollen Ihnen als Anregungen dienen, sich bewusster auf ganz natürliche Gegebenheiten einzustellen. Denn erst wenn Sie die Energien des Mondes schließlich auch wirklich selbst spüren, werden diese Tipps Ihnen helfen, Ihr Leben im Einklang mit der Natur und damit bedeutend harmonischer zu gestalten.

Der Mond im Widder ♈

Element Feuer
Körperregion Kopf, Gesicht
Organsystem Sinnesorgane
Nährstoff Eiweiß
Nahrungsempfehlung Fruchtpflanzen

Die Grundstimmung

Ein starker Durchsetzungswille, Enthusiasmus, Spontaneität und Begeisterungsfähigkeit prägen den Widdertag. Man hat Lust, voller Tatendrang Neues zu erproben und seinen Mut unter Beweis zu stellen. Dabei besteht die Gefahr, dass man alles auf einmal erledigen will und dabei zu wenig Rücksicht auf andere nimmt. Außerdem ist die Stimmung oft sehr schnell gereizt.

Die Witterungstendenz

Von der Jahreszeit abhängig sind Widdertage relativ warm und trocken. Im Sommer besteht an diesen Tagen eine verstärkte Gewitterneigung. Stehen Neumond oder Vollmond im Widder, kann man mit einem baldigen Wetterwechsel rechnen.

Bei Neumond

Günstig

- Fasttag zur Reinigung und Entschlackung einlegen, dabei viel Mineralwasser und/oder Kräutertee trinken
- Alternativ einen Obst- oder Safttag einlegen
- Falls feste Kost, dann z. B. Tomaten, Huhn, Joghurt
- Augenpflege und Sehübungen
- Haare waschen
- Bekanntschaften schließen
- Flirten und erobern
- Geschäftsverhandlungen führen
- Einen Ausflug, einen Spaziergang oder eine Reise machen
- Filme ansehen
- Ins Theater gehen

Ungünstig

- Chirurgische Eingriffe aller Art
- Genussmittel – besonders Kaffee und Schokolade – wegen verstärktem Kopfschmerz- und Migränerisiko

Bei zunehmendem Mond

Günstig

- Augenpflege und Sehübungen
- Gesichtsmasken zur Hauternährung und -straffung
- Haare waschen
- Kräftigende bzw. regenerierende Gesichtsmassage
- Heilkräuter (Früchte und Samen) zur sofortigen Verwendung sammeln
- Für eine bekömmliche Ernährung: z. B. Zitronen, Paprika, Kalbfleisch
- Bekanntschaften schließen
- Berufliche Besprechungen abhalten
- Flirten und erobern
- Geschäftsverhandlungen führen
- Einen Ausflug, einen Spaziergang oder eine Reise machen
- Filme ansehen
- Ins Theater gehen

Ungünstig

- Chirurgische Eingriffe in den vom Widder regierten Körperbereichen
- Sonnenbad

- Gesichtshautpeeling
- Pickel oder Mitesser entfernen
- Genussmittel – besonders Kaffee und Schokolade – wegen verstärktem Kopfschmerz- und Migränerisiko

Bei Vollmond

Günstig

- Fasttag zur Reinigung und Entschlackung einlegen, dabei viel Mineralwasser und/oder Kräutertee trinken
- Alternativ einen Obst- oder Safttag einlegen
- Falls feste Kost, dann z. B. Linsen, Lammfleisch, Eier
- Augenpflege und Sehübungen
- Haare waschen
- Aphrodisisches Bad
- Kräutersalben herstellen
- Ernährende Gesichtshautpflege
- Bekanntschaften schließen
- Flirten und erobern
- Geschäftsverhandlungen führen
- Einen Ausflug, einen Spaziergang oder eine Reise machen
- Meditieren
- Filme ansehen
- Ins Theater gehen

Ungünstig

- Chirurgische Eingriffe aller Art
- Impfungen
- Ausleitende Fußreflexzonenmassage
- Saunabad
- Sonnenbad
- Gesichtshautpeeling
- Pickel oder Mitesser entfernen
- Körperhaare entfernen
- Heilkräuter trocknen und abfüllen
- Genussmittel – besonders Kaffee und Schokolade – wegen verstärktem Kopfschmerz- und Migränerisiko
- Behördengänge erledigen

Bei abnehmendem Mond

Günstig

- Augenpflege und Sehübungen
- Haare waschen
- Heilkräuter (Früchte und Samen) sammeln, trocknen und abfüllen
- Aphrodisisches Bad
- Saunabad
- Gesichtshautpeeling
- Gesichtsmaske zur Hautreinigung und -entspannung
- Entspannende, ausleitende Gesichts- und Kopfhautmassage
- Für eine bekömmliche Ernährung: z. B. Feigen, Frischkäse, Pfeffer
- Bekanntschaften schließen
- Bewerbungs-, Vorstellungsgespräche führen
- Flirten und erobern
- Geschäftsverhandlungen führen
- Einen Ausflug, einen Spaziergang oder eine Reise machen
- Filme ansehen
- Ins Theater gehen
- Sport treiben
- Tanzen gehen

Ungünstig

- Chirurgische Eingriffe in den vom Widder regierten Körperbereichen
- Genussmittel – besonders Kaffee und Schokolade – wegen verstärktem Kopfschmerz- und Migränerisiko
- Ausruhen, meditieren, träumen

Der Mond im Stier ♉

Element Erde
Körperregion Kiefer, Hals, Nacken
Organsystem Blutkreislauf
Nährstoff Salz
Nahrungsempfehlung Wurzelpflanzen

Die Grundstimmung

Beharrlichkeit heißt das Motto des Stiertages. Einmal Erreichtes soll bewahrt werden, Veränderungen steht man eher kritisch gegenüber. Heute getroffene Entscheidungen beruhen meist auf einer soliden Grundlage, und man möchte es gern dabei belassen. Der Gemeinschaftssinn ist nun sehr ausgeprägt – aber auch die Sinnlichkeit in allen Lebenslagen.

Die Witterungstendenz

Stiertage sind relativ kühl. Das bemerkt man oft auch in der warmen Jahreszeit. Verdunkeln Wolken die Sonne, kühlt der Erdboden erfahrungsgemäß rasch ab und fühlt sich auch verhältnismäßig kalt an.

Bei Neumond

Günstig
- Fasttag zur Reinigung und Entschlackung einlegen, dabei viel Mineralwasser und/oder Kräutertee trinken
- Alternativ einen Obst- oder Safttag einlegen
- Falls feste Kost, dann z. B. Kartoffeln, Kohlrabi, Lauch
- Brennnesseltee zum Zweck einer Blutreinigung trinken
- Entspannende Massagen der Nackenmuskulatur
- Heilende Bäder
- Romantisches Essen zu zweit
- Zukunftspläne schmieden
- Heiraten
- Einen Ausflug machen
- Shopping

Ungünstig
- Chirurgische Eingriffe aller Art
- Körperliche Belastungen
- Zugluft und Unterkühlung
- Lärm
- Heilkräuter (vor allem Blüten) sammeln

Bei zunehmendem Mond

Günstig
- Maßnahmen zur Stärkung des Immunsystems
- Kur- bzw. Erholungsaufenthalt
- Akupunktur zur Kräftigung sowie zum Aufbau
- Eigenbluttherapie
- Kräftigende, regenerierende Massagen der Hals- und Nackenmuskulatur
- Heilende Bäder
- Für eine bekömmliche Ernährung: z. B. Möhren, Rindfleisch, Basilikum
- Romantisches Essen zu zweit
- Zukunftspläne schmieden
- Heiraten
- Einen Ausflug machen
- Shopping

Ungünstig
- Chirurgische Eingriffe in den vom Stier regierten Körperbereichen
- Zugluft und Unterkühlung
- Lärm
- Heilkräuter (vor allem Blüten) sammeln

Bei Vollmond

Günstig

- Fasttag zur Reinigung und Entschlackung einlegen, dabei viel Mineralwasser und/oder Kräutertee trinken
- Alternativ einen Obst- oder Safttag einlegen
- Falls feste Kost, dann z. B. Schalotten, Schwarzwurzel, Rosmarin
- Kräutersalben herstellen
- Heilende Bäder
- Kräftigende Massagen der Hals- und Nackenmuskulatur
- Meditieren
- Romantisches Essen zu zweit
- Zukunftspläne schmieden
- Heiraten
- Einen Ausflug machen
- Shopping

Ungünstig

- Chirurgische Eingriffe aller Art
- Impfungen
- Heilkräuter trocknen, abfüllen
- Zugluft und Unterkühlung
- Lärm
- Ausleitende Fußreflexzonenmassage
- Saunabad
- Heilkräuter (vor allem Blüten) sammeln

Bei abnehmendem Mond

Günstig

- Akupunktur zur Entgiftung sowie Blutreinigung
- Brennnesseltee zur Blutreinigung trinken
- Heilende Bäder
- Tiefenreinigung der Haut
- Peelings
- Hornhaut entfernen
- Körperhaare entfernen
- Entspannende, entkrampfende, ausleitende Massagen der Hals- und Nackenmuskulatur
- Saunabad
- Brennnesseln sammeln, trocknen, abfüllen
- Kräuterkissen füllen
- Für eine bekömmliche Ernährung: z. B. Sellerie, Kalbfleisch, Zwiebeln
- Zukunftspläne schmieden
- Heiraten
- Romantisches Essen zu zweit
- Einen Ausflug machen
- Shopping

Ungünstig

- Chirurgische Eingriffe in den vom Stier regierten Körperbereichen
- Anregende Bäder
- Zugluft und Unterkühlung
- Lärm
- Heilkräuter (vor allem Blüten) sammeln

Der Mond in den Zwillingen ♊

Element Luft
Körperregion Schultern, Arme, Hände
Organsystem innere Drüsen
Nährstoff Fett
Nahrungsempfehlung Blütenpflanzen

Die Grundstimmung

An Zwillingetagen fallen Entscheidungen ziemlich schwer. Man will alles wissen und steckt voller neuer Ideen, die man aber auch schnell wieder fallen lässt. Auch Bekanntschaften, die man jetzt problemlos schließt, sind oft nicht von langer Dauer. Es besteht die Gefahr, dass man alles auf einmal will und sich dabei verzettelt. Aber für echte Freundschaften setzt man sich mit Nachdruck ein.

Die Witterungstendenz

Zwillingetage sind hell. Selbst wenn Wolken die Sonne verdecken, machen diese Tage meist einen heiteren, lichterfüllten Eindruck. Autofahrer und Wassersportler müssen mit verstärkter Blendwirkung rechnen. Sonnenbrille nicht vergessen! Nicht selten gibt es an Zwillingetagen auch einen Wetterumschwung.

Bei Neumond

Günstig

- Fasttag zur Reinigung und Entschlackung einlegen, dabei viel Mineralwasser und/oder Kräutertee trinken
- Alternativ einen Obst- oder Safttag einlegen
- Falls feste Kost, dann z. B. Artischocken, Gans, Pinienkerne
- Haare waschen
- Haare tönen bzw. färben
- Entspannende Massagen für Arme und Schultern
- Anregende Bäder
- Bekanntschaften schließen
- Freundschaft festigen
- Geschäftsbeziehungen ausbauen
- Korrespondenz (geschäftliche und private) erledigen
- Eine Reise machen
- Ein Fest feiern
- Filme ansehen
- Ins Theater gehen
- Lesen

Ungünstig

- Chirurgische Eingriffe aller Art
- Fingernägel schneiden
- Unterkühlung

Bei zunehmendem Mond

Günstig

- Haare waschen
- Haare tönen bzw. färben
- Ernährende Hautpflege an den Armen und den Händen
- Anregende Bäder
- Kräftigende, regenerierende Massagen im Schulter-Arm-Bereich
- Heilkräuter (Blüten) sammeln
- Für eine bekömmliche Ernährung: z. B. Linsen, Muskatnuss, Walnüsse
- Bekanntschaften schließen
- Freundschaft festigen
- Berufliche Besprechungen abhalten
- Korrespondenz (geschäftliche und private) erledigen

- Eine Reise machen
- Ein Fest feiern
- Filme ansehen
- Ins Theater gehen
- Lesen

Ungünstig

- Chirurgische Eingriffe in den von den Zwillingen regierten Körperbereichen
- Fingernägel schneiden
- Unterkühlung

Bei Vollmond

Günstig

- Fasttag zur Reinigung und Entschlackung einlegen, dabei viel Mineralwasser und/oder Kräutertee trinken
- Alternativ einen Obst- oder Safttag einlegen
- Falls feste Kost, dann z. B. Blumenkohl, Nudeln, Safran
- Kräftigende, regenerierende Massagen für Arme und Schultern
- Haare waschen
- Haare tönen bzw. färben
- Ernährende Hautpflege an den Armen und den Händen
- Heilkräuter (Blüten) sammeln
- Kräutersalben herstellen
- Anregende Bäder
- Meditieren
- Bekanntschaften schließen
- Freundschaft festigen
- Korrespondenz erledigen
- Eine Reise machen
- Ein Fest feiern
- Filme ansehen
- Ins Theater gehen
- Lesen

Ungünstig

- Chirurgische Eingriffe aller Art
- Impfungen
- Hornhaut entfernen
- Fingernägel schneiden
- Saunabad
- Heilkräuter trocknen, abfüllen
- Unterkühlung
- Ausleitende Fußreflexzonenmassage

Bei abnehmendem Mond

Günstig

- Haare waschen
- Haare tönen bzw. färben
- Körperhaare entfernen
- Entspannende, entkrampfende, ausleitende Massagen im Schulter-Arm-Bereich
- Anregende Bäder
- Heilkräuter trocknen, abfüllen
- Kräuterkissen füllen
- Für eine bekömmliche Ernährung: z. B. Brokkoli, Schweinefleisch, Senf
- Bekanntschaften schließen
- Freundschaft festigen
- Geschäftsbeziehungen ausbauen
- Korrespondenz erledigen
- Eine Reise machen
- Ein Fest feiern
- Filme ansehen
- Ins Theater gehen
- Lesen

Ungünstig

- Chirurgische Eingriffe in den von den Zwillingen regierten Körperbereichen
- Fingernägel schneiden
- Unterkühlung

Der Mond im Krebs

Element Wasser
Körperregion Lunge, Magen, Galle, Leber
Organsystem Nervensystem
Nährstoff Kohlenhydrat
Nahrungsempfehlung Blattpflanzen

Die Grundstimmung

An Krebstagen kann es leicht passieren, dass die Gefühle stärker sind als der Verstand. Aber auch die Phantasie ist jetzt sehr groß – z. B. beim Sex. Man sehnt sich nach Ruhe und häuslicher Geborgenheit, nach menschlicher Nähe und Harmonie. Die Empfindsamkeit kann leicht zur Überempfindlichkeit gegenüber äußeren Einflüssen werden, so dass man sich oft in sich selbst zurückzieht.

Die Witterungstendenz

Krebstage sind eher feucht. An diesen Tagen kann man mit einer leicht erhöhten Niederschlagsneigung rechnen. Luft- und Bodenfeuchtigkeit zeigen im Verhältnis zu den vorangegangenen und folgenden Tagen erhöhte Werte, es fällt verstärkt Tau auf Wiesen und Weiden.

Bei Neumond

Günstig

- Fasttag zur Reinigung und Entschlackung einlegen, dabei viel Mineralwasser und/oder Kräutertee trinken
- Alternativ einen Obst- oder Safttag einlegen
- Falls feste Kost, dann z. B. Spinat, Seefische, Ahornsirup
- Beruhigende Bäder
- Meditieren, träumen
- Einen Familienbesuch abhalten
- Einen Spaziergang machen

Ungünstig

- Chirurgische Eingriffe aller Art
- Schwere, fettreiche Speisen
- Genussmittel – vor allem Alkohol
- Haare waschen oder schneiden
- Heilkräuter (Blüten, Früchte und Samen) sammeln
- Kräutersalben herstellen
- Körperliche Belastungen
- Sich ärgern

Bei zunehmendem Mond

Günstig

- Beruhigende Bäder
- Heilkräuter (Blätter) sammeln
- Für eine bekömmliche Ernährung: z. B. Blumenkohl, Muscheln, Honig
- Ausruhen
- Meditieren, träumen
- Einen Familienbesuch abhalten
- Einen Spaziergang machen

Ungünstig

- Chirurgische Eingriffe in den vom Zeichen Krebs regierten Körperbereichen
- Schwere, fettreiche Speisen
- Genussmittel – vor allem Alkohol
- Haare waschen oder schneiden
- Kräutersalben herstellen
- Warzen entfernen
- Hornhaut entfernen
- Heilkräuter (Blüten, Früchte und Samen) sammeln
- Heilkräuter trocknen und abfüllen
- Sich ärgern

Bei Vollmond

Günstig

- Fasttag zur Reinigung und Entschlackung einlegen, dabei viel Mineralwasser und/oder Kräutertee trinken
- Alternativ einen Obst- oder Safttag einlegen
- Falls feste Kost, dann z. B. Fenchel, Austern, Lorbeer
- Aufbauende, ernährende Hautpflege
- Meditieren, träumen
- Einen Familienbesuch abhalten
- Einen Spaziergang machen

Ungünstig

- Chirurgische Eingriffe aller Art
- Impfungen
- Schwere, fettreiche Speisen
- Genussmittel – vor allem Alkohol
- Haare waschen oder schneiden
- Heilkräuter (Blüten, Früchte und Samen) sammeln
- Heilkräuter trocknen, abfüllen
- Kräutersalben herstellen
- Saunabad
- Ausleitende Fußreflexzonenmassage
- Sich ärgern

Bei abnehmendem Mond

Günstig

- Akupunktur zur Entgiftung und Blutreinigung
- Hornhaut entfernen
- Körperhaare entfernen
- Beruhigende Bäder
- Saunabad
- Für eine bekömmliche Ernährung: z. B. Meeresfische, Kopfsalat, Sprossen
- Meditieren, träumen
- Einen Familienbesuch abhalten
- Einen Spaziergang machen
- Romantisches Essen zu zweit

Ungünstig

- Chirurgische Eingriffe in den vom Zeichen Krebs regierten Körperbereichen
- Schwere, fettreiche Speisen
- Genussmittel – vor allem Alkohol
- Haare waschen oder schneiden
- Heilkräuter (Blüten, Früchte und Samen) sammeln
- Kräutersalben herstellen
- Sich ärgern

Der Mond im Löwen ♌

Element Feuer
Körperregion Herz, Blutkreislauf, Rücken
Organsystem Sinnesorgane
Nährstoff Eiweiß
Nahrungsempfehlung Fruchtpflanzen

Die Grundstimmung

An Löwetagen schreitet man mutig voran. Das Selbstbewusstsein ist gestärkt – ebenso aber auch die Tendenz zur Selbstdarstellung und zum Besitzanspruch. Man möchte andere erobern, aber durchaus auf die feine Art. Alles, was Spaß macht und Aktion bietet, kann man jetzt in vollen Zügen genießen. Das sollte man aber auch den anderen gönnen!

Die Witterungstendenz

Löwetage sind – natürlich abhängig von der Jahreszeit – besonders warm und trocken. Im Sommer besteht allerdings eine verstärkte Neigung zu Gewittern, die oft von sehr heftigen und ergiebigen Regenfällen begleitet werden. Steht der Neu- oder Vollmond im Löwen, schlägt das Wetter häufig um.

Bei Neumond

Günstig

- Fasttag zur Reinigung und Entschlackung einlegen, dabei viel Mineralwasser und/oder Kräutertee trinken
- Alternativ einen Obst- oder Safttag einlegen
- Falls feste Kost, dann z. B. Ananas, Shrimps, Parmesan
- Grundsätzlich viel trinken, da Löwetage sehr trocken sind
- Haare schneiden
- Haare waschen
- Einen Familienbesuch abhalten
- Flirten und erobern
- Ein Fest feiern
- Ins Museum, Konzert oder in die Oper gehen

Ungünstig

- Chirurgische Eingriffe aller Art
- Herz und Rücken betreffende Belastungen
- Ausgiebiges Sonnenbad

Bei zunehmendem Mond

Günstig

- Haare schneiden, wenn sie rasch nachwachsen oder lang werden sollen
- Haare waschen
- Eigenbluttherapie
- Heilkräuter (Früchte und Samen) sammeln
- Kräftigende bzw. regenerierende Rückenmassagen
- Viel trinken, da Löwetage sehr trocken sind
- Für eine bekömmliche Ernährung: z. B. Bohnen, Geflügel, Pfirsiche
- Einen Familienbesuch abhalten
- Flirten und erobern
- Ein Fest feiern
- Ins Museum, Konzert oder in die Oper gehen

Ungünstig

- Chirurgische Eingriffe in den vom Löwen regierten Körperbereichen
- Körperhaare entfernen
- Heilkräuter trocknen und abfüllen
- Sonnenbad
- Herz und Rücken betreffende Belastungen
- Hornhaut entfernen

Bei Vollmond

Günstig

- Fasttag zur Reinigung und Entschlackung einlegen, dabei viel Mineralwasser und/oder Kräutertee trinken
- Alternativ einen Obst- oder Safttag einlegen
- Falls feste Kost, dann z. B. Orangen, Hülsenfrüchte, Ingwer
- Grundsätzlich viel trinken, da Löwetage sehr trocken sind
- Aphrodisische Bäder
- Haare schneiden
- Haare waschen
- Kräutersalben herstellen
- Aufbauende, ernährende Hautpflege
- Kräftigende bzw. regenerierende Massagen der Rückenmuskulatur
- Meditieren
- Einen Familienbesuch abhalten
- Flirten und erobern
- Ein Fest feiern
- Ins Museum, Konzert oder in die Oper gehen

Ungünstig

- Chirurgische Eingriffe aller Art
- Impfungen
- Saunabad
- Sonnenbad
- Herz und Rücken betreffende Belastungen
- Ausleitende Fußreflexzonenmassage

Bei abnehmendem Mond

Günstig

- Haare schneiden, wenn sie langsam, aber dicht nachwachsen sollen
- Haare waschen
- Akupunktur zum Zweck der Entgiftung und Blutreinigung
- Entspannende, entkrampfende, ausleitende Rückenmassagen
- Brennnesselkur zur Blutreinigung (vor allem im Herbst)
- Hornhaut entfernen
- Kräuterkissen herstellen
- Aphrodisische Bäder
- Saunabad
- Viel trinken, da Löwetage sehr trocken sind
- Für eine bekömmliche Ernährung: z. B. Wild, Weintrauben, Quark
- Einen Familienbesuch abhalten
- Flirten und erobern
- Ein Fest feiern
- Ins Museum, Konzert oder in die Oper gehen
- Tanzen gehen

Ungünstig

- Chirurgische Eingriffe in den vom Löwen regierten Körperbereichen
- Aufbauende, regenerierende Fußreflexzonenmassage
- Ausgiebiges Sonnenbad

Der Mond in der Jungfrau ♍

Element Erde
Körperregion Stoffwechsel, Verdauung
Organsystem Blutkreislauf
Nährstoff Salz
Nahrungsempfehlung Wurzelpflanzen

Die Grundstimmung

Mit der Leidenschaft tut man sich schwer an Jungfrautagen. Ordnung, Sicherheit und kühles Abwägen stehen im Vordergrund, ebenso das Verantwortungsgefühl – sowohl was den Beruf angeht als auch das Privatleben. Große Taten darf man aber nicht erwarten, und die Stimmung ist oft schnell gereizt.

Die Witterungstendenz

An Jungfrautagen empfindet man schnell Kälte. Auch bei ansonsten warmer Witterung bleibt der Erdboden relativ klamm, und auch die Luft kühlt sich in den Abendstunden ziemlich rasch ab.

Bei Neumond

Günstig

- Fasttag zur Reinigung und Entschlackung einlegen, dabei viel Mineralwasser und/oder Kräutertee trinken
- Alternativ einen Rohkost- oder auch Safttag einlegen
- Falls feste Kost, dann z. B. Grapefruits, Kartoffeln, Estragon
- Dauerwelle legen
- Heilende Bäder
- Behördengänge erledigen
- Korrespondenz (geschäftliche und private) erledigen
- Einen Ausflug machen
- Shopping

Ungünstig

- Chirurgische Eingriffe aller Art
- Körperliche Belastungen
- Schwere, fettreiche Speisen
- Heilkräuter (Früchte und Samen) sammeln
- Kräutersalben herstellen

Bei zunehmendem Mond

Günstig

- Einen Rohkost- oder Safttag einlegen
- Falls feste Kost, dann z. B. Bataten, Salzheringe, Thymian
- Akupunktur zur Kräftigung und für den Aufbau
- Eigenbluttherapie
- Dauerwelle legen
- Heilende Bäder
- Gymnastik für die Straffung der Bauchmuskulatur
- Behördengänge erledigen
- Berufliche Besprechungen abhalten
- Korrespondenz (geschäftliche und private) erledigen
- Einen Ausflug machen
- Shopping

Ungünstig

- Chirurgische Eingriffe in den von der Jungfrau regierten Körperbereichen
- Schwere, fettreiche Speisen
- Körperhaare entfernen
- Hornhaut entfernen
- Heilkräuter (Früchte und Samen) sammeln

- Heilkräuter trocknen und abfüllen
- Kräutersalben herstellen

Bei Vollmond

Günstig

- Fasttag zur Reinigung und Entschlackung einlegen, dabei viel Mineralwasser und/oder Kräutertee trinken
- Alternativ einen Rohkost- oder auch Safttag einlegen
- Falls feste Kost, dann z. B. Champignons, Mangos, Ingwer
- Heilkräuter (Wurzeln) sammeln
- Dauerwelle legen
- Heilende Bäder
- Gymnastik für die Straffung der Bauchmuskulatur
- Meditieren
- Korrespondenz (geschäftliche und private) erledigen
- Einen Ausflug machen
- Shopping

Ungünstig

- Chirurgische Eingriffe aller Art
- Impfungen
- Schwere, fettreiche Speisen
- Saunabad
- Heilkräuter (Früchte und Samen) sammeln
- Kräutersalben herstellen
- Ausleitende Fußreflexzonenmassage

Bei abnehmendem Mond

Günstig

- Einen Rohkost- oder Safttag einlegen
- Falls feste Kost, dann z. B. Knoblauch, Geflügel, Sellerie
- Akupunktur zum Zweck der Entgiftung und Blutreinigung
- Dauerwelle legen
- Heilende Bäder
- Heilkräuter (Wurzeln) sammeln
- Brennnesseln zur Blutreinigung sammeln
- Brennnesseltee zur Blutreinigung trinken
- Behördengänge erledigen
- Korrespondenz (geschäftliche und private) erledigen
- Einen Ausflug machen
- Shopping

Ungünstig

- Chirurgische Eingriffe in den von der Jungfrau regierten Körperbereichen
- Schwere, fettreiche Speisen
- Heilkräuter (Blätter, Früchte und Samen) sammeln
- Kräutersalben herstellen

Der Mond in der Waage ♎

Element Luft
Körperregion Hüfte, Nieren, Blase
Organsystem innere Drüsen
Nährstoff Fett
Nahrungsempfehlung Blütenpflanzen

Die Grundstimmung

An Waagetagen wird es eher schwer fallen, grundsätzliche Entscheidungen zu treffen, denn die Entschlusskraft ist ziemlich gering. Dafür sucht und findet man den Ausgleich bei beruflichen Problemen und viel Harmonie in den Begegnungen mit Menschen. Auch der Sinn für Schönheit und Romantik ist jetzt sehr angeregt.

Die Witterungstendenz

Waagetage wirken oft heiter und hell, auch wenn sich die Sonne nicht allzu häufig zeigt. Außerdem besteht eine Neigung zu relativ geringer Luftfeuchtigkeit, so dass der Eindruck von Trockenheit erzeugt wird.

Bei Neumond

Günstig

- Fasttag zur Reinigung und Entschlackung einlegen, dabei viel Mineralwasser und/oder Kräutertee trinken
- Alternativ einen Obst- oder Safttag einlegen
- Falls feste Kost, dann z. B. Haselnüsse, Artischocken, Wachtelfleisch
- Vor allem nachmittags viel trinken, damit Blase und Nieren gut durchgespült werden
- Haare waschen
- Haare tönen bzw. färben
- Anregende, vitalisierende Bäder
- Beckenbodengymnastik
- Bekanntschaften schließen
- Freundschaft festigen
- Ein Fest feiern
- Filme ansehen
- Ins Museum, Theater, Konzert oder in die Oper gehen

Ungünstig

- Chirurgische Eingriffe aller Art
- Alle Arten von Unterkühlung
- Besonders große Belastungen für die Hüftregion

Bei zunehmendem Mond

Günstig

- Haare waschen
- Haare tönen bzw. färben
- Akupunktur zur Kräftigung und für den Aufbau
- Anregende, vitalisierende Bäder
- Heilkräuter (Blüten) sammeln
- Beckenbodengymnastik
- Vor allem nachmittags viel trinken, damit Blase und Nieren gut durchgespült werden
- Für eine bekömmliche Ernährung: z. B. Kastanien, Rindfleisch, Blumenkohl
- Bekanntschaften schließen
- Freundschaft festigen
- Ein Fest feiern
- Filme ansehen
- Ins Museum, Theater, Konzert oder in die Oper gehen

Ungünstig

- Chirurgische Eingriffe in den von der Waage regierten Körperbereichen
- Alle Arten von Unterkühlung

Bei Vollmond

Günstig

- Fasttag zur Reinigung und Entschlackung einlegen, dabei viel Mineralwasser und/oder Kräutertee trinken
- Alternativ einen Obst- oder Safttag einlegen
- Falls feste Kost, dann z. B. Rosenkohl, Sonnenblumenkerne, Pistazien
- Vor allem nachmittags viel trinken, damit Blase und Nieren gut durchgespült werden
- Haare waschen
- Haare tönen bzw. färben
- Anregende, vitalisierende Bäder
- Beckenbodengymnastik
- Meditieren
- Bekanntschaften schließen
- Freundschaft festigen
- Ein Fest feiern
- Filme ansehen
- Ins Museum, Theater, Konzert oder in die Oper gehen

Ungünstig

- Chirurgische Eingriffe aller Art
- Impfungen
- Alle Arten von Unterkühlung
- Saunabad
- Ausleitende Fußreflexzonenmassage

Bei abnehmendem Mond

Günstig

- Brennnesselkur zur Blutreinigung
- Haare waschen
- Haare tönen bzw. färben
- Beckenbodengymnastik
- Anregende, vitalisierende Bäder
- Heilkräuter trocknen, abfüllen
- Kräuterkissen herstellen
- Vor allem nachmittags viel trinken, damit Blase und Nieren gut durchgespült werden
- Für eine bekömmliche Ernährung: z. B. Avocados, Bohnen, Ente
- Bekanntschaften schließen
- Freundschaft festigen
- Ein Fest feiern
- Filme ansehen
- Ins Museum, Theater, Konzert oder in die Oper gehen
- Tanzen gehen

Ungünstig

- Chirurgische Eingriffe in den von der Waage regierten Körperbereichen
- Alle Arten von Unterkühlung

Der Mond im Skorpion ♏

Element Wasser
Körperregion Geschlechtsorgane, Harnleiter
Organsystem Nervensystem
Nährstoff Kohlenhydrat
Nahrungsempfehlung Blattpflanzen

Die Grundstimmung

»Seele« und »Sinnlichkeit« sind die dominanten Begriffe der Skorpiontage. Das Tierkreiszeichen setzt erhebliche emotionale Energien frei, die sich beispielsweise in starker Gereiztheit, im Hang zur Veränderung oder in der Sexualität ausleben können. Dass die Liebe aber nicht nur Lust, sondern auch Schmerz (z. B. Eifersucht) bringen kann, sollte dabei nicht vergessen werden.

Die Witterungstendenz

Skorpiontage sind Wassertage von besonders feucht ausgeprägtem Charakter. Die Erde wird an diesen Tagen nie ganz trocken. Außerdem besteht in aller Regel eine erhöhte Neigung zu Niederschlägen.

Bei Neumond

Günstig

- Fasttag zur Reinigung und Entschlackung einlegen, dabei viel Mineralwasser und/oder Kräutertee trinken
- Alternativ einen Obst- oder Safttag einlegen
- Falls feste Kost, dann z. B. Avocados, Chicorée, Sprossen
- Viel trinken, damit die Harnleiter gut durchgespült werden
- Beruhigende Bäder
- Sitzbäder (z. B. mit Zusatz von Schafgarbe)
- Korrespondenz (geschäftliche und private) erledigen
- Meditieren, träumen
- Shopping

Ungünstig

- Chirurgische Eingriffe aller Art
- Alle Arten von Unterkühlung
- Körperliche Belastungen

Bei zunehmendem Mond

Günstig

- Akupunktur zur Kräftigung und für den Aufbau
- Viel trinken, damit die Harnleiter gut durchgespült werden
- Beruhigende Bäder
- Sitzbäder (z. B. mit Zusatz von Schafgarbe)
- Heilkräuter (Blätter) sammeln
- Für eine bekömmliche Ernährung: z. B. Feigen, Fenchel, Weißkohl
- Berufliche Besprechungen abhalten
- Korrespondenz (geschäftliche und private) erledigen
- Meditieren, träumen
- Shopping

Ungünstig

- Chirurgische Eingriffe in den vom Skorpion regierten Körperbereichen
- Alle Arten von Unterkühlung

Bei Vollmond

Günstig

- Fasttag zur Reinigung und Entschlackung einlegen, dabei viel Mineralwasser und/oder Kräutertee trinken

- Alternativ einen Obst- oder Safttag einlegen
- Falls feste Kost, dann z. B. Mangold, Löwenzahn, Heringe
- Viel trinken, damit die Harnleiter gut durchgespült werden
- Sitzbäder (z. B. mit Zusatz von Schafgarbe)
- Kräutersalben herstellen
- Korrespondenz (geschäftliche und private) erledigen
- Meditieren, träumen
- Shopping

Ungünstig

- Chirurgische Eingriffe aller Art
- Impfungen
- Alle Arten von Unterkuhlung
- Saunabad
- Ausleitende Fußreflexzonenmassage

Bei abnehmendem Mond

Günstig

- Brennnesseltee zur Blutreinigung trinken
- Akupunktur zum Zweck der Entgiftung und Blutreinigung
- Viel trinken, damit die Harnleiter gut durchgespült werden
- Beruhigende Bäder
- Sitzbäder (z. B. mit Zusatz von Schafgarbe)
- Ganzkörperpeeling
- Hornhaut entfernen
- Körperhaare entfernen
- Für eine bekömmliche Ernährung: z. B. Kalbfleisch, Kopfsalat, Sauerampfer
- Korrespondenz (geschäftliche und private) erledigen
- Meditieren, träumen
- Shopping

Ungünstig

- Chirurgische Eingriffe in den vom Skorpion regierten Körperbereichen
- Alle Arten von Unterkühlung
- Eingewachsene Nägel korrigieren
- Heilkräuter (Blüten) sammeln

Der Mond im Schützen ♐

Element Feuer
Körperregion Oberschenkel, Venen
Organsystem Sinnesorgane
Nährstoff Eiweiß
Nahrungsempfehlung Fruchtpflanzen

Die Grundstimmung

Neue Ziele, neue Pläne, neue Wege – an Schützetagen ist man vorwärts orientiert. Man möchte Neues erleben, nicht in Ruhe oder Routine erstarren. Eine gewisse innere Unruhe, die man jetzt verspürt, kann aber leicht zu vorschnellen Entscheidungen führen, die man später bereut. Der größte Vorteil: Fast unschlagbar ist man nun beim Schlichten.

Die Witterungstendenz

Schützetage sind Wärmetage von relativ ausgeglichenem Charakter – mäßig warm, freundlich und ziemlich trocken. Im Sommer kann man an Schützetagen häufiger mit Gewittern rechnen, die von ergiebigen Niederschlägen begleitet sind. Bei Neu- und Vollmond ist an Schützetagen ein rascher Wetterumschwung möglich.

Bei Neumond

Günstig

- Fasttag zur Reinigung und Entschlackung einlegen, dabei viel Mineralwasser und/oder Kräutertee trinken
- Alternativ einen Obst- oder Safttag einlegen
- Falls feste Kost, dann z. B. Äpfel, Paprika, Quark
- Massagen zur besseren Lockerung der Beinmuskulatur
- Haare waschen
- Bekanntschaften schließen
- Geschäftsverhandlungen führen
- Streitigkeiten schlichten
- Zukunftspläne schmieden
- Einen Ausflug, einen Spaziergang oder eine Reise machen
- Lesen

Ungünstig

- Chirurgische Eingriffe aller Art
- Körperliche Belastungen für Untrainierte, vor allem intensiver Sport und anstrengende Wanderungen
- Ausgiebiges Sonnenbad

Bei zunehmendem Mond

Günstig

- Akupunktur zur Kräftigung und für den Aufbau
- Haare waschen
- Heilkräuter (Früchte und Samen) sammeln
- Gymnastik, Massagen zur Kräftigung der Beinmuskulatur
- Für eine bekömmliche Ernährung: z. B. Brombeeren, Wild, Muskatnuss
- Bekanntschaften schließen
- Geschäftsverhandlungen führen
- Streitigkeiten schlichten
- Zukunftspläne schmieden
- Einen Ausflug, einen Spaziergang oder eine Reise machen
- Lesen

Ungünstig

- Chirurgische Eingriffe in den vom Schützen regierten Körperbereichen
- Heilkräuter trocknen und abfüllen

- Tiefenreinigung der Haut
- Sonnenbad
- Körperliche Belastungen für Untrainierte, vor allem intensiver Sport und anstrengende Wanderungen

Bei Vollmond

Günstig

- Fasttag zur Reinigung und Entschlackung einlegen, dabei viel Mineralwasser und/oder Kräutertee trinken
- Alternativ einen Obst- oder Safttag einlegen
- Falls feste Kost, dann z. B. Orangen, Hülsenfrüchte, Mandeln
- Haare waschen
- Kräutersalben herstellen
- Gymnastik, Massagen zur Kräftigung der Beinmuskulatur
- Aphrodisische Bäder
- Meditieren
- Bekanntschaften schließen
- Geschäftsverhandlungen führen
- Streitigkeiten schlichten
- Zukunftspläne schmieden
- Einen Ausflug, einen Spaziergang oder eine Reise machen
- Lesen

Ungünstig

- Chirurgische Eingriffe aller Art
- Impfungen
- Tiefenreinigung der Haut
- Saunabad
- Sonnenbad
- Ausleitende Fußreflexzonenmassage
- Körperliche Belastungen für Untrainierte, vor allem intensiver Sport und anstrengende Wanderungen

Bei abnehmendem Mond

Günstig

- Haare waschen
- Massagen zur besseren Lockerung der Beinmuskulatur
- Saunabad
- Hornhaut entfernen
- Körperhaare entfernen
- Aphrodisische Bäder
- Kräuterkissen herstellen
- Für eine bekömmliche Ernährung: z. B. Karpfen, Sprossen, Zucchini
- Bekanntschaften schließen
- Geschäftsverhandlungen führen
- Streitigkeiten schlichten
- Zukunftspläne schmieden
- Einen Ausflug, einen Spaziergang oder eine Reise machen
- Lesen
- Sport treiben

Ungünstig

- Chirurgische Eingriffe in den vom Schützen regierten Körperbereichen
- Körperliche Belastungen für Untrainierte, vor allem intensiver Sport und anstrengende Wanderungen
- Ausgiebiges Sonnenbad

Der Mond im Steinbock ♑

Element Erde
Körperregion Knie, Haut, Knochen
Organsystem Blutkreislauf
Nährstoff Salz
Nahrungsempfehlung Wurzelpflanzen

Die Grundstimmung

Geradlinigkeit, Disziplin und die Achtung bestehender Werte bestimmen das Denken und Handeln an Steinbocktagen. Auch sonst eher ungeliebte Aufgaben kann man jetzt mit dem nötigen Pflichtbewusstsein erledigen. Problematisch ist nun die häufige melancholische Stimmung, die einen oft zu übertriebener Zurückhaltung bewegt.

Die Witterungstendenz

Steinbocktage sind ziemlich kühl. Auch bei sonnigem und warmem Wetter steigt nach Sonnenuntergang rasch Kälte aus dem Boden hervor. Wenn Vollmond herrscht, können Steinbocknächte erfahrungsgemäß besonders kalt und frostig werden.

Bei Neumond

Günstig

- Fasttag zur Reinigung und Entschlackung einlegen, dabei viel Mineralwasser und/oder Kräutertee trinken
- Alternativ einen Obst- oder Safttag einlegen
- Falls feste Kost, dann z. B. Kartoffeln, Hackfleisch, Kapern
- Hautpflege
- Finger- und Fußnägel pflegen
- Heilende Bäder
- Behördengänge erledigen
- Geschäftsbeziehungen ausbauen
- Streitigkeiten schlichten
- Ins Theater gehen

Ungünstig

- Chirurgische Eingriffe aller Art
- Heilkräuter (Früchte und Samen) sammeln
- Ausgiebiges Sonnenbad
- Stärkere Belastungen des Skeletts und der Knie

Bei zunehmendem Mond

Günstig

- Eigenbluttherapie
- Aufbauende, ernährende Hautpflege
- Gesichtsmasken zur Hauternährung und -straffung
- Finger- und Fußnägel pflegen
- Eingewachsene Nägel korrigieren
- Gymnastik, vor allem Dehnübungen
- Heilende Bäder
- Für eine bekömmliche Ernährung: z. B. Sellerie, Lachs, Erdnüsse
- Behördengänge erledigen
- Streitigkeiten schlichten
- Ins Theater gehen

Ungünstig

- Chirurgische Eingriffe in den vom Steinbock regierten Körperbereichen
- Körperhaare entfernen
- Hornhaut entfernen
- Tiefenreinigung der Haut
- Peelings
- Heilkräuter (Früchte und Samen) sammeln
- Sonnenbad
- Stärkere Belastungen des Skeletts und der Knie

Bei Vollmond

Günstig

- Fasttag zur Reinigung und Entschlackung einlegen, dabei viel Mineralwasser und/oder Kräutertee trinken
- Alternativ einen Obst- oder Safttag einlegen
- Falls feste Kost, dann z. B. Äpfel, Rote Bete, Meerrettich
- Wurzeln von Heilkräutern sammeln
- Kräutersalben herstellen
- Aufbauende, ernährende Hautpflege
- Finger- und Fußnägel pflegen
- Gymnastik, vor allem Dehnübungen
- Heilende Bäder
- Meditieren
- Streitigkeiten schlichten
- Ins Theater gehen

Ungünstig

- Chirurgische Eingriffe aller Art
- Impfungen
- Tiefenreinigung der Haut
- Peelings
- Hornhaut entfernen
- Heilkräuter (Früchte und Samen) sammeln
- Heilkräuter trocknen, abfüllen
- Saunabad
- Sonnenbad
- Ausleitende Fußreflexzonenmassage
- Stärkere Belastungen des Skeletts und der Knie

Bei abnehmendem Mond

Günstig

- Brennnesselkur zur Blutreinigung
- Tiefenreinigung der Haut
- Peelings
- Finger- und Fußnägel pflegen
- Körperhaare entfernen
- Heilende Bäder
- Für eine bekömmliche Ernährung: z. B. Kartoffeln, Rindfleisch, Estragon
- Behördengänge erledigen
- Geschäftsbeziehungen ausbauen
- Streitigkeiten schlichten
- Ins Theater gehen

Ungünstig

- Chirurgische Eingriffe in den vom Steinbock regierten Körperbereichen
- Heilkräuter (Blätter, Früchte und Samen) sammeln
- Ausgiebiges Sonnenbad
- Stärkere Belastungen des Skeletts und der Knie

Der Mond im Wassermann ♒

Element Luft
Körperregion Unterschenkel, Venen
Organsystem innere Drüsen
Nährstoff Fett
Nahrungsempfehlung Blütenpflanzen

Die Grundstimmung

Die Kraft der Gemeinsamkeit wird einem an Wassermanntagen besonders bewusst. Man sucht Kontakte, neue Freunde und Weggefährten und engagiert sich im sozialen Bereich. Aber Vorsicht: Übersteigerter Idealismus kann allzu leicht enttäuscht werden, dann können Frustration und plötzlicher Eigensinn die Folgen sein!

Die Witterungstendenz

Wassermanntage sind sehr luftig. Man empfindet an diesen Tagen die Helligkeit besonders deutlich. Bei klarem Wetter hat man – vor allem in den Bergen – meist eine sehr gute Fernsicht. Besonders im Frühjahr ist die Sonneneinstrahlung an Wassermanntagen erfahrungsgemäß ziemlich intensiv.

Bei Neumond

Günstig

- Fasttag zur Reinigung und Entschlackung einlegen, dabei viel Mineralwasser und/oder Kräutertee trinken
- Alternativ einen Obst- oder Safttag einlegen
- Falls feste Kost, dann z. B. Artischocken, Kochschinken, Mandeln
- Haare waschen
- Haare tönen bzw. färben
- Anregende, vitalisierende Bäder
- Wechselwarme Fußbäder, kalte Unterschenkelgüsse
- Krampfadern behandeln (Salbe)
- Freundschaft festigen
- Geschäftsbeziehungen ausbauen
- Geschäftsverhandlungen führen
- Zukunftspläne schmieden
- Romantisches Essen zu zweit
- Eine Reise machen
- Ein Fest feiern
- Filme ansehen
- Ins Museum, Theater, Konzert oder in die Oper gehen
- Lesen

Ungünstig

- Chirurgische Eingriffe aller Art
- Langes Gehen und Stehen

Bei zunehmendem Mond

Günstig

- Haare waschen
- Haare tönen bzw. färben
- Anregende, vitalisierende Bäder
- Wechselwarme Fußbäder, kalte Unterschenkelgüsse
- Krampfadern behandeln (Salbe)
- Bürstenmassagen zur Stärkung der Waden
- Heilkräuter (Blüten) sammeln
- Für eine bekömmliche Ernährung: z. B. Zitronen, Lachs, Olivenöl
- Freundschaft festigen
- Geschäftsverhandlungen führen
- Zukunftspläne schmieden
- Romantisches Essen zu zweit
- Eine Reise machen

- Ein Fest feiern
- Filme ansehen
- Ins Museum, Theater, Konzert oder in die Oper gehen
- Lesen

Ungünstig

- Chirurgische Eingriffe in den vom Wassermann regierten Körperbereichen
- Heilkräuter trocknen und abfüllen
- Langes Gehen und Stehen

Bei Vollmond

Günstig

- Fasttag zur Reinigung und Entschlackung einlegen, dabei viel Mineralwasser und/oder Kräutertee trinken
- Alternativ einen Obst- oder Safttag einlegen
- Falls feste Kost, dann z. B. Grapefruits, Buchweizen, Kokosmilch
- Haare waschen
- Haare tönen bzw. färben
- Anregende, vitalisierende Bäder
- Wechselwarme Fußbäder, kalte Unterschenkelgüsse
- Krampfadern behandeln (Salbe)
- Bürstenmassagen zur Stärkung der Waden
- Meditieren
- Freundschaft festigen
- Geschäftsverhandlungen führen
- Zukunftspläne schmieden
- Romantisches Essen zu zweit
- Eine Reise machen
- Ein Fest feiern
- Filme ansehen
- Ins Museum, Theater, Konzert oder in die Oper gehen
- Lesen

Ungünstig

- Chirurgische Eingriffe aller Art
- Impfungen
- Körperhaare entfernen
- Saunabad
- Langes Gehen und Stehen
- Ausleitende Fußreflexzonenmassage

Bei abnehmendem Mond

Günstig

- Haare waschen
- Haare tönen bzw. färben
- Hühneraugen entfernen
- Anregende, vitalisierende Bäder
- Wechselwarme Fußbäder, kalte Unterschenkelgüsse
- Entspannende Wadenmassagen
- Krampfadern behandeln (Salbe)
- Heilkräuter trocknen, abfüllen
- Für eine bekömmliche Ernährung: z. B. Brokkoli, Ente, Majoran
- Freundschaft festigen
- Geschäftsbeziehungen ausbauen
- Geschäftsverhandlungen führen
- Zukunftspläne schmieden
- Romantisches Essen zu zweit
- Eine Reise machen
- Ein Fest feiern
- Filme ansehen
- Ins Museum, Theater, Konzert oder in die Oper gehen
- Lesen
- Tanzen gehen

Ungünstig

- Chirurgische Eingriffe in den vom Wassermann regierten Körperbereichen
- Langes Gehen und Stehen

Der Mond in den Fischen ♓

Element Wasser
Körperregion Füße, Zehen
Organsystem Nervensystem
Nährstoff Kohlenhydrat
Nahrungsempfehlung Blattpflanzen

Die Grundstimmung

Phantasie und Hilfsbereitschaft sind die prägenden Elemente der Fischetage, an denen die Gefühle dominieren. Man bevorzugt die sanften Töne, braucht Harmonie und Zärtlichkeit. Man neigt auch zu träumerischer Selbstvergessenheit und ist besonders offen für spirituelle Einflüsse. Dann kann es auch mal geschehen, dass man sich zu sehr von der Realität entfernt.

Die Witterungstendenz

Fischetage sind meist feucht. An diesen Tagen ist die Niederschlagsneigung etwas stärker als sonst. Deutlicher ausgeprägt ist die Nebelneigung im Frühjahr und Herbst, begünstigt durch die relativ hohe Luftfeuchtigkeit, die an diesen Tagen herrscht.

Bei Neumond

Günstig

- Fasttag zur Reinigung und Entschlackung einlegen, dabei viel Mineralwasser und/oder Kräutertee trinken
- Alternativ einen Obst- oder Safttag einlegen
- Falls feste Kost, dann z. B. Eisbergsalat, Austernpilze, Hirse
- Ausleitende Fußreflexzonenmassage
- Beruhigende Bäder
- Entspannende Fußbäder
- Krampfadern behandeln (Salbe)
- Ohren- und Nasenhaare schneiden
- Meditieren, träumen
- Einen Familienbesuch abhalten
- Filme ansehen

Ungünstig

- Chirurgische Eingriffe aller Art
- Fußnägel schneiden
- Kalte Füße
- Haare waschen und schneiden
- Hornhaut entfernen
- Heilkräuter (Früchte und Samen) sammeln
- Genussmittel – vor allem Alkohol

Bei zunehmendem Mond

Günstig

- Heilende Fußbäder
- Krampfadern behandeln (Salbe)
- Beruhigende Bäder
- Regenerierende Fußreflexzonenmassage
- Ohren- und Nasenhaare schneiden
- Heilkräuter (Blätter) sammeln
- Kräftigende Fußgymnastik
- Für eine bekömmliche Ernährung: z. B. Feldsalat, Fisch, Rosmarin
- Meditieren, träumen
- Einen Familienbesuch abhalten
- Filme ansehen

Ungünstig

- Chirurgische Eingriffe in den von den Fischen regierten Körperbereichen
- Warzen und Hühneraugen entfernen
- Hornhaut entfernen
- Fußnägel schneiden

- Eingewachsene Nägel ziehen
- Haare waschen und schneiden
- Heilkräuter (Früchte und Samen) sammeln
- Heilkräuter trocknen und abfüllen
- Kalte Füße
- Genussmittel – vor allem Alkohol

Bei Vollmond

Günstig

- Fasttag zur Reinigung und Entschlackung einlegen, dabei viel Mineralwasser und/oder Kräutertee trinken
- Alternativ einen Obst- oder Safttag einlegen
- Falls feste Kost, dann z. B. Champignons, Mangold, Pfirsiche
- Heilende Fußbäder
- Kräutersalben herstellen
- Krampfadern behandeln (Salbe)
- Regenerierende Fußreflexzonenmassage
- Ohren- und Nasenhaare schneiden
- Meditieren, träumen
- Einen Familienbesuch abhalten
- Filme ansehen

Ungünstig

- Chirurgische Eingriffe aller Art
- Impfungen
- Fußnägel schneiden
- Warzen und Hühneraugen entfernen
- Hornhaut entfernen
- Körperhaare entfernen
- Haare waschen und schneiden
- Saunabad
- Kalte Füße
- Ausleitende Fußreflexzonenmassage
- Heilkräuter (Früchte und Samen) sammeln
- Heilkräuter trocknen, abfüllen
- Genussmittel – vor allem Alkohol

Bei abnehmendem Mond

Günstig

- Ausleitende Fußreflexzonenmassage
- Ohren- und Nasenhaare schneiden
- Entspannende, beruhigende Bäder
- Entspannende Fußbäder
- Krampfadern behandeln (Salbe)
- Für eine bekömmliche Ernährung: z. B. Weintrauben, Lachs, Spinat
- Meditieren, träumen
- Einen Familienbesuch abhalten
- Filme ansehen
- Romantisches Essen zu zweit
- Sport treiben

Ungünstig

- Chirurgische Eingriffe in den von den Fischen regierten Körperbereichen
- Fußnägel schneiden
- Haare waschen und schneiden
- Heilkräuter (Blüten, Früchte und Samen) sammeln
- Kalte Füße
- Genussmittel – vor allem Alkohol

2006	Jan.	Febr.	März	April	Mai	Juni	Juli	August	Sept.	Okt.	Nov.	Dez.
1	♑ 13.15	♓ 23.47	10.20 ♈	♉	♊ 16.18	♌	♍	♎ 14.09	♐	♑	♓	♈
2	♒	♈	♈	00.50 ♊	♋	♌ 21.18	♍ 18.07	♏ ◐	♐ 14.36	04.25 ♒	♓ 16.47	02.27 ♉
3	♒ 13.45	♈	11.23 ♉	♊	♋	♍	♎ ◐	♏	♑	♒	♈	♉
4	♓	02.32 ♉	♉	07.16 ♋	01.19 ♌	♍ ◐	♎	00.14 ♐	♑ 19.16	06.34 ♓	♈ 17.06	04.06 ♊
5	♓ 15.45	♉ ◐	♉ 15.39	♋ ◐	♌ ◐	10.09 ♎	06.14 ♏	♐	♒	♓	♉ ○	♊ ○
6	♈ ◐	08.33 ♊	♊ ◐	♋ 17.26	♌ 13.21	♎	♏	06.21 ♑	♒ 19.58	06.33 ♈	♉ 17.47	07.02 ♋
7	♈ 20.10	♊	♊ 23.39	♌	♍	♎ 21.42	♏ 15.15	♑	♓ ○	♈ ○	♊	♋
8	♉	♊ 17.34	♋	♌	♍	♏	♐	08.49 ♒	♓ 19.24	06.05 ♉	♊ 20.47	♋ 12.53
9	♉	♋	♋	06.00 ♍	02.11 ♎	♏	♐ 20.26	♒ ○	♈	♉	♋	♌
10	03.00 ♊	♋	10.43 ♌	♍	♎	06.06 ♐	♑	09.11 ♓	♈ 19.31	07.07 ♊	♋	♌ 22.32
11	♊	04.45 ♌	♌	♍ 18.48	♎ 13.26	♐ ○	♑ 22.47 ○	♓	♉	♊	03.35 ♌	♍
12	11.51 ♋	♌	♌ 23.25	♎	♏	11.20 ♑	♒	09.23 ♈	♉ 22.00	11.22 ♋	♌ ◑	♍ ◑
13	♋	♌ 17.14 ○	♍	♎ ○	♏ 21.57 ○	♑	♒	♈	♊	♋	♌ 14.20	11.02 ♎
14	♋ 22.32 ○	♍	♍	06.09 ♏	♐	♑ 14.33	00.01 ♓	11.01 ♉	♊ ◑	♋ 19.39 ◑	♍	♎
15	♌	♍	♍ 12.14 ○	♏	♐	♒	♓	♉	03.55 ♋	♌	♍	♎ 23.44
16	♌	06.10 ♎	♎	♏ 15.21	04.00 ♑	♒ 17.06	01.40 ♈	♉ 15.08 ◑	♋	♌	03.15 ♎	♏
17	10.50 ♍	♎	♎	♐	♑	♓	♈ ◑	♊	♋ 13.16	07.17 ♍	♎	♏
18	♍	♎ 18.12	00.00 ♏	♐ 22.14	08.20 ♒	♓ 19.55 ◑	04.45 ♉	♊ 22.04	♌	♍	♎ 15.48	10.11 ♐
19	♍ 23.50	♏	♏	♑	♒	♈	♉	♋	♌	♍ 20.20	♏	♐
20	♎	♏	09.44 ♐	♑	11.40 ♓ ◑	♈ 23.24	09.39 ♊	♋	01.08 ♍	♎	♏ ●	♐ 17.40 ●
21	♎	03.39 ♐ ◑	♐	02.57 ♒ ◑	♓	♉	♊	07.34 ♌	♍	♎	02.16 ♐	♑
22	11.30 ♏ ◑	♐	♐ 16.37 ◑	♒	♓ 14.25	♉	♊ 16.29	♌	♍ 14.07 ●	08.55 ♏ ●	♐	♑ 22.50
23	♏	09.17 ♑	♑	05.44 ♓	♈	03.50 ♊	♋	♌ 19.09 ●	♎	♏	10.26 ♑	♒
24	♏ 19.39	♑	♑ 20.22	♓	♈ 17.02	♊	♋	♍	♎	♏ 19.54	♑	♒
25	♐	11.16 ♒	♒	07.13 ♈	♉	09.49 ♋ ●	01.26 ♌ ●	♍	02.55 ♏	♐	♑ 16.42	02.44 ♓
26	♐ 23.32	♒	♒ 21.34	♈	♉ 20.20	♋	♌	08.02 ♎	♏	♐	♒	♓
27	♑	10.57 ♓	♓	08.28 ♉ ●	♊ ●	♋ 18.10	♌ 12.37	♎	♏ 14.17	04.48 ♑	♒ 21.22	06.05 ♈ ◐
28	♑	♓ ●	♓ 21.32	♉	♊	♌	♍	♎ 20.57	♐	♑	♓ ◐	♈
29	00.10 ♒ ●		♈ ●	10.59 ♊	01.35 ♋	♌	♍	♏	♐ 23.02	11.18 ♒ ◐	♓	09.09 ♉
30	♒ 23.33		♈ 22.02	♊	♋	05.16 ♍	01.28 ♎	♏	♑ ◐	♒	00.31 ♈	♉
31	♓		♉		09.53 ♌		♎	08.01 ♐ ◐		♒ 15.12		♉ 12.17

15. März: Halbschatten-Mondfinsternis 00.48 (♍); 29. März: Totale Sonnenfinsternis 11.11 (♈);
7. September: Partielle Mondfinsternis 19.51 (♓); 22. September: Ringförmige Sonnenfinsternis 12.40 (♍)

2007	Jan.	Febr.	März	April	Mai	Juni	Juli	August	Sept.	Okt.	Nov.	Dez.
1	♊	06.16 ♌	♌	♍ 16.44	11.42 ♏	♐ ○	♑	♓	06.36 ♉	♊	05.49 ♌ ◐	♍ ◐
2	♊ 16.15	♌ ○	♌ 22.33	♎ ○	♏ ○	♐ 16.10	06.25 ♒	♓ 21.44	♉	♊ 17.58	♌	♍
3	♋ ○	♌ 15.35	♍	♎	♏ 23.49	♑	♒	♈	08.31 ♊	♋ ◐	♌ 13.46	07.02 ♎
4	♋ 22.15	♍	♍ ○	05.37 ♏	♐	♑	11.53 ♓	♈	♊ ◐	♋ 23.28	♍	♎
5	♌	♍	10.26 ♎	♏	♐	00.16 ♒	♓	00.17 ♉ ◐	♊ 12.09	♌	♍	♎ 19.32
6	♌	03.16 ♎	♎	♏ 17.58	10.22 ♑	♒	♓ 15.58	♉	♋	♌	00.48 ♎	♏
7	07.19 ♍	♎	♎ 23.18	♐	♑	06.25 ♓	♈ ◐	03.02 ♊	♋ 18.00	08.04 ♍	♎	♏
8	♍	♎ 16.11	♏	♐	♑ 18.49	♓ ◐	♈ 18.55	♊	♌	♍	♎ 13.19	08.12 ♐
9	♍ 19.16	♏	♏	04.37 ♑	♒	10.27 ♈	♉	06.37 ♋	♌	♍ 18.59	♏	♐ ●
10	♎	♏ ◐	11.38 ♐	♑ ◐	♒ ◐	♈	♉ 21.11	♋	02.11 ♍	♎	♏ ●	♐ 19.52
11	♎ ◐	04.02 ♐	♐	♑ 12.24	00.33 ♓	♈ 12.30	♊	11.43 ♌	♍ ●	♎ ●	02.00 ♐	♑
12	08.09 ♏	♐	♐ 21.36 ◐	♒	♓	♉	♊ 23.40	♌	♍ 12.32	07.14 ♏	♐	♑
13	♏	♐ 12.43	♑	♒ 16.40	03.20 ♈	♉ 13.25	♋	♌ 19.04 ●	♎	♏	♐ 14.02	06.02 ♒
14	♏ 19.12	♑	♑	♓	♈	♊	♋ ●	♍	♎	♏ 19.59	♑	♒
15	♐	♑ 17.36	03.53 ♒	♓ 17.48	03.49 ♉	♊ 14.46 ●	03.44 ♌	♍	00.38 ♏	♐	♑	♒ 14.16
16	♐	♒	♒	♈	♉ ●	♋	♌	05.05 ♎	♏	♐	00.31 ♒	♓
17	02.50 ♑	♒ 19.31 ●	06.31 ♓	♈ 17.12 ●	03.35 ♊	♋ 18.26	10.40 ♍	♎	♏ 13.22	08.04 ♑	♒ ◐	♓ 19.54 ◐
18	♑	♓	♓	♉	♊	♌	♍	♎ 17.14	♐	♑	08.16 ♓	♈
19	07.17 ♒ ●	♓ 20.07	06.43 ♈ ●	♉ 16.52	04.39 ♋	♌	♍ 20.54	♏	♐ ◐	♑ 17.53 ◐	♓	♈ 22.39
20	♒	♈	♈	♊	♋	01.47 ♍	♎	♏	00.53 ♑	♒	♓ 12.25	♉
21	09.49 ♓	♈ 21.04	06.16 ♉	♊ 18.51	08.58 ♌	♍	♎	05.45 ♐ ◐	♑	♒	♈	♉ 23.15
22	♓	♉	♉	♋	♌	♍ 12.45 ◐	09.19 ♏ ◐	♐	09.19 ♒	00.03 ♓	♈ 13.20	♊
23	11.53 ♈	♉ 23.43	07.07 ♊	♋	♌ 17.27 ◐	♎	♏	♐ 16.21	♒	♓	♉	♊ 23.19
24	♈	♊ ◐	♊	00.39 ♌ ◐	♍	♎	♏ 21.31	♑	♒ 13.56	02.25 ♈	♉ 12.30 ○	♋ ○
25	♈ 14.30	♊	10.50 ♋ ◐	♌	♍	01.28 ♏	♐	♑ 23.36	♓	♈	♊	♋
26	♉ ◐	04.49 ♋	♋	10.25 ♍	05.17 ♎	♏	♐	♒	♓ 15.24 ○	02.08 ♉ ○	♊ 12.08	00.53 ♌
27	♉ 18.11	♋	♋ 18.05	♍	♎	♏ 13.25	07.22 ♑	♒	♈	♉	♋	♌
28	♊	♋ 12.31	♌	♍ 22.46	♎ 18.12	♐	♑	03.35 ♓ ○	♈ 15.18	01.12 ♊	♋ 14.24	05.45 ♍
29	♊ 23.17		♌	♎	♏	♐ 23.06	♑ 14.15	♓	♉	♊	♌	♍
30	♋		04.28 ♍	♎	♏	♑ ○	♒ ○	05.26 ♈	♉ 15.35	01.51 ♋	♌ 20.45	♍ 14.38
31	♋		♍		06.08 ♐		♒ 18.42	♈		♋		♎ ◐

4. März: Totale Mondfinsternis 00.21 (♍); 19. März: Partielle Sonnenfinsternis 03.32 (♓);
28. August: Totale Mondfinsternis 11.37 (♓); 11. September: Partielle Sonnenfinsternis 13.31 (♍)

2008	Jan.	Febr.	März	April	Mai	Juni	Juli	August	Sept.	Okt.	Nov.	Dez.
1	♎	♐	♐ 19.34	♒	♓	♉	♊	♌ ●	♍ 12.46	05.27 ♏	♐	♑
2	02.33 ♏	♐	♑	♒ 21.56	11.52 ♈	♉ 23.07	08.54 ♋	♌ 22.00	♎	♏	♐ 12.14	07.46 ♒
3	♏	10.53 ♑	♑	♓	♈	♊ ●	♋ ●	♍	♎ 21.03	♏ 16.15	♑	♒
4	♏ 15.14	♑	05.26 ♒	♓	♈ 12.59	♊ 22.17	09.16 ♌	♍	♏	♐	♑	♒ 19.24
5	♐	♑ 20.11	♒	01.28 ♈	♉ ●	♋	♌	03.29 ♎	♏	♐	01.03 ♒	♓ ◐
6	♐	♒	11.54 ♓	♈ ●	♉ 12.18	♋ 23.01	♌ 12.05	♎	08.12 ♐	04.50 ♑	♒ ◐	♓
7	02.44 ♑	♒ ●	♓ ●	02.21 ♉	♊	♌	♍	♎ 12.27	♐ ◐	♑ ◐	11.44 ♓	03.45 ♈
8	♑ ●	02.47 ♓	♓ 15.24	♉	♊ 12.03	♌	♍ 18.32	♏ ◐	♐ 20.46	♑ 17.04	♓	♈
9	♑ 12.14	♓	♈	02.28 ♊	♋	03.02 ♍	♎	♏	♑	♒	♓ 18.27	07.53 ♉
10	♒	07.18 ♈	♈ 17.15	♊	♋ 14.11	♍ ◐	♎ ◐	00.11 ♐	♑	♒	♈	♉
11	♒ 19.45	♈	♉	03.44 ♋	♌	10.56 ♎	04.36 ♏	♐	08.21 ♒	02.32 ♓	♈ 21.06	08.34 ♊
12	♓	10.35 ♉	♉ 18.55	♋ ◐	♌ 19.49 ◐	♎	♏	♐ 12.43	♒	♓	♉	♊ ○
13	♓	♉	♊	07.30 ♌	♍	♎ 21.54	♏ 16.51	♑	♒ 17.06	08.08 ♈	♉ 21.12 ○	07.41 ♋
14	01.24 ♈	♉ 13.20 ◐	♊ 21.39 ◐	♌	♍	♏	♐	♑ 23.57	♓	♈ ○	♊	♋
15	♈ ◐	♊	♋	♌ 14.08	04.47 ♎	♏	♐	♒	♓ 22.40 ○	10.32 ♉	♊ 20.53	07.24 ♌
16	05.14 ♉	♊ 16.13	♋	♍	♎	10.21 ♐	05.21 ♑	♒ ○	♈	♉	♋	♌
17	♉	♋	02.05 ♌	♍ 23.11	♎ 16.00	♐	♑	08.47 ♓	♈	11.26 ♊	♋ 22.09	09.37 ♍
18	07.31 ♊	♋ 19.52	♌	♎	♏	♐ 22.53 ○	♑ 16.41 ○	♓	01.58 ♉	♊	♌	♍
19	♊	♌	08.26 ♍	♎	♏	♑	♒	♓ 15.11	♉	♊ 12.41	♌ ◑	♍ 15.24 ◑
20	09.06 ♋	♌	♍	10.01 ♏ ○	04.20 ♐ ○	♑	♒	♈	04.18 ♊	♋	02.14 ♍	♎
21	♋	01.07 ♍ ○	♍ 16.46 ○	♏	♐	10.35 ♒	02.09 ♓	♈ 19.39	♊	♋ 15.36 ◑	♍	♎
22	11.21 ♌ ○	♍	♎	♏ 22.08	♐ 16.56	♒	♓	♉	06.50 ♋ ◑	♌	09.21 ♎	00.38 ♏
23	♌	08.46 ♎	♎	♐	♑	♒ 20.33	09.23 ♈	♉ 22.49	♋	♌ 20.41	♎	♏
24	♌ 15.49	♎	03.07 ♏	♐	♑	♓	♈	♊ ◑	10.15 ♌	♍	♎ 18.55	♏ 12.14
25	♍	♎ 19.07	♏	10.48 ♑	04.53 ♒	♓	♈ 14.15 ◑	♊	♌	♍	♏	♐
26	♍ 23.36	♏	♏ 15.12	♑	♒	03.50 ♈ ◑	♉	01.20 ♋	♌ 14.53	03.49 ♎	♏	♐
27	♎	♏	♐	♑ 22.28	♒ 14.40	♈	♉ 16.56	♋	♍	♎	06.15 ♐ ●	00.57 ♑ ●
28	♎	07.23 ♐	♐	♒ ◑	♓ ◑	07.51 ♉	♊	03.52 ♌	♍ 21.07	♎ 12.48	♐	♑
29	10.36 ♏	♐ ◑	03.44 ♑ ◑	♒	♓ 20.54	♉	♊ 18.13	♌	♎ ●	♏ ●	♐ 18.49	♑ 13.44
30	♏ ◑		♑	07.12 ♓	♈	09.04 ♊	♋	07.19 ♍ ●	♎	♏ 23.42	♑	♒
31	♏ 23.09		♑ 14.35		♈ 23.20		♋ 19.23	♍		♐		♒

7. Februar: Ringförmige Sonnenfinsternis 04.55 (♒); 21. Februar: Totale Mondfinsternis 04.26 (♍);
1. August: Totale Sonnenfinsternis 11.21 (♌); 16. August: Partielle Mondfinsternis 22.10 (♒)

2009	Jan.	Febr.	März	April	Mai	Juni	Juli	August	Sept.	Okt.	Nov.	Dez.
1	01.28 ♓	♈ 23.10	04.34 ♉	♊ 17.31	01.57 ♌ ◑	♍ 16.18	05.20 ♏	♐	04.44 ♒	00.27 ♓	♈	♉ 15.24
2	♓	♉	♉	♋ ◑	♌	♎	♏	09.09 ♑	♒	♓	01.46 ♉ ○	♊ ○
3	10.51 ♈	♉ ◑	09.00 ♊	♋ 20.34	05.38 ♍	♎ 23.45	♏ 15.12	♑	♒ 16.59	10.22 ♈	♉	♊ 17.02
4	♈ ◑	03.16 ♊	♊ ◑	♌	♍	♏	♐	♑ 22.09	♓ ○	♈ ○	05.54 ♊	♋
5	♈ 16.47	♊	♊ 12.08	♌	10.52 ♎	♏	♐	♒	♓	♈ 17.34	♊	♋ 18.08
6	♉	05.07 ♋	♋	00.02 ♍	♎	09.25 ♐	03.09 ♑	♒ ○	03.15 ♈	♉	08.44 ♋	♌
7	♉ 19.13	♋	♋ 14.25	♍	♎ 17.49	♐ ○	♑ ○	10.35 ♓	♈	♉ 22.48	♋	♌ 20.07
8	♊	05.44 ♌	♌	04.23 ♎	♏	♐ 21.01	♑ 16.04	♓	11.19 ♉	♊	11.24 ♌	♍
9	♊ 19.15	♌ ○	♌ 16.35	♎ ○	♏ ○	♑	♒	♓ 21.24	♉	♊	♌ ◐	♍ 23.48 ◐
10	♋	06.39 ♍	♍	10.24 ♏	02.50 ♐	♑	♒	♈	♉ 17.18	02.49 ♋	♌ 14.31	♎
11	♋ 18.42 ○	♍	♍ 19.47 ○	♏	♐	09.54 ♒	04.45 ♓	♈	♊	♋ ◐	♍	♎
12	♌	09.34 ♎	♎	♏ 19.02	♐ 14.10	♒	♓	05.51 ♉	♊ 21.21 ◐	06.04 ♌	♍ 18.23	05.33 ♏
13	♌ 19.34	♎	♎	♐	♑	♒ 22.33	♓ 15.41	♉ ◐	♋	♌	♎	♏
14	♍	♎ 15.52	01.24 ♏	♐	♑	♓	♈	11.27 ♊	♋ 23.40	08.46 ♍	♎ 23.25	♏ 13.26
15	♍ 23.31	♏	♏	06.28 ♑	03.02 ♒	♓ ◐	♈ 23.31 ◐	♊	♌	♍	♏	♐
16	♎	♏ ◐	10.23 ♐	♑	♒	08.53 ♈	♉	♊ 14.14	♌	11.31 ♎	♏ ●	♐ 23.33 ●
17	♎	01.54 ♐	♐	♑ 19.20 ◐	♒ 15.18 ◐	♈	♉	♋	00.57 ♍	♎	06.23 ♐	♑
18	07.21 ♏ ◐	♐	♐ 22.20 ◐	♒	♓	♈ 15.21	03.42 ♊	♋ 14.58	♍ ●	♎ 15.24 ●	♐	♑
19	♏	♐ 14.26	♑	♒	♓	♉	♊	♌	02.27 ♎	♏	♐ 16.02	11.40 ♒
20	♏ 18.31	♑	♑	06.56 ♓	00.31 ♈	♉ 18.01	04.52 ♋	♌ 15.01 ●	♎	♏ 21.50	♑	♒
21	♐	♑	11.08 ♒	♓	♈	♊	♋	♍	05.53 ♏	♐	♑	♒
22	♐	03.07 ♒	♒	♓ 15.10	05.41 ♉	♊ 18.13 ●	04.29 ♌ ●	♍ 16.13	♏	♐	04.12 ♒	00.43 ♓
23	07.19 ♑	♒	♒ 22.09	♈	♉	♋	♌	♎	♏ 12.44	07.40 ♑	♒	♓
24	♑	♒ 14.01	♓	♈ 19.47	07.35 ♊ ●	♋ 17.51	04.24 ♍	♎ 20.17	♐	♑	♒ 17.09 ◑	♓ 12.41 ◑
25	♑ 19.58	♓ ●	♓	♉ ●	♊	♌	♍	♏	♐ 23.20	♑ 20.09	♓	♈
26	♒ ●	♓ 22.25	06.04 ♈ ●	♉ 22.03	07.59 ♋	♌ 18.48	06.27 ♎	♏	♑ ◑	♒ ◑	♓	♈ 21.27
27	♒	♈	♈	♊	♋	♍	♎	04.17 ♐ ◑	♑	♒	04.12 ♈	♉
28	07.13 ♓	♈	11.10 ♉	♊ 23.39	08.45 ♌	♍ 22.26	11.57 ♏ ◑	♐	♑ 12.08	08.46 ♓	♈	♉
29	♓		♉	♋	♌	♎ ◑	♏	♐ 15.45	♒	♓	11.35 ♉	02.14 ♊
30	♓ 16.26		♉ 14.37	♋	11.19 ♍	♎	♏ 21.11	♑	♒	♓ 18.58	♉	♊
31	♈		♊		♍ ◑		♐	♑		♈		03.46 ♋ ○

26. Januar: Ringförmige Sonnenfinsternis 08.59 (♒); 9. Februar: Halbschatten-Mondfinsternis 15.38 (♌); 7. Juli: Halbschatten-Mondfinsternis 10.39 (♑); 22. Juli: Totale Sonnenfinsternis 03.35 (♋); 6. August: Halbschatten-Mondfinsternis 01.39 (♒); 31. Dezember: Partielle Mondfinsternis 20.23 (♋)

2010	Jan.	Febr.	März	April	Mai	Juni	Juli	August	Sept.	Okt.	Nov.	Dez.
1	♋	♍	♍	♏	♐	06.09 ♒	02.11 ♓	♈	01.20 ♊ ◑	♋ ◑	04.52 ♍	♎
2	03.42 ♌	♍ 14.43	01.32 ♎	♏ 17.54	11.01 ♑	♒	♓	09.14 ♉	♊	♋ 19.22	♍	♎ 15.45
3	♌	♎	♎	♐	♑	♒ 18.35	♓ 14.45	♉ ◑	07.52 ♋	♌	06.20 ♎	♏
4	03.54 ♍	♎ 17.57	03.12 ♏	♐	♑ 21.53	♓ ◑	♈ ◑	♉ 17.55	♋	♌ 21.01	♎	♏ 19.00
5	♍	♏	♏	02.08 ♑	♒	♓	♈	♊	10.46 ♌	♍	07.17 ♏	♐ ●
6	05.59 ♎	♏ ◑	08.37 ♐	♑ ◑	♒ ◑	06.51 ♈	01.30 ♉	♊ 22.51	♌	♍ 20.53	♏ ●	♐
7	♎ ◑	01.05 ♐	♐ ◑	♑ 13.52	10.35 ♓	♈	♉	♋	10.54 ♍	♎ ●	09.29 ♐	00.17 ♑
8	11.01 ♏	♐	♐ 18.14	♒	♓	♈ 16.42	08.52 ♊	♋	♍ ●	♎ 20.53	♐	♑
9	♏	11.45 ♑	♑	♒	♓ 22.30	♉	♊	00.24 ♌	10.02 ♎	♏	♐ 14.38	08.32 ♒
10	♏ 19.11	♑	♑	02.49 ♓	♈	♉ 23.12	♊ 12.39	♌ ●	♎	♏ 23.10	♑	♒
11	♐	♑	06.43 ♒	♓	♈	♊	♋ ●	00.02 ♍	10.22 ♏	♐	♑ 23.33	♒ 19.42
12	♐	00.25 ♒	♒	♓ 14.32	07.49 ♉	♊ ●	♋ 13.54	♍ 23.44	♏	♐	♒	♓
13	05.55 ♑	♒	♒ 19.45	♈	♉	02.51 ♋	♌	♎	♏ 13.53	05.18 ♑	♒ ◐	♓ ◐
14	♑	♒ 13.24 ●	♓	♈ 23.56 ●	♉ 14.19 ●	♋	♌ 14.16	♎	♐	♑ ◐	11.25 ♓	08.16 ♈
15	♑ 18.18 ●	♓	♓ ●	♉	♊	04.55 ♌	♍	01.27 ♏	♐ 21.31 ◐	♑ 15.25	♓	♈
16	♒	♓	07.33 ♈	♉	♊ 18.47	♌	♍ 15.25	♏ ◐	♑	♒	♓	♈ 19.50
17	♒	01.31 ♈	♈	07.09 ♊	♋	06.42 ♍	♎	06.35 ♐	♑	♒	00.00 ♈	♉
18	07.18 ♓	♈	♈ 17.30	♊	♋ 22.07	♍	♎ 18.43 ◐	♐	08.36 ♒	03.53 ♓	♈	♉
19	♓	11.56 ♉	♉	♊ 12.40	♌	09.14 ♎ ◐	♏	♐ 15.18	♒	♓	11.05 ♉	04.38 ♊
20	♓ 19.37	♉	♉	♋	♌	♎	♏	♑	♒ 21.16	♓ 16.24	♉	♊
21	♈	♉ 19.48	01.29 ♊	♋ 16.43 ◐	00.59 ♍ ◐	♎ 13.15	00.50 ♐	♑	♓	♈	♉ 19.47 ○	10.23 ♋ ○
22	♈	♊ ◐	♊	♌	♍	♏	♐	02.38 ♒	♓	♈	♊	♋
23	05.41 ♉ ◐	♊	07.17 ♋ ◐	♌ 19.25	03.51 ♎	♏ 19.11	09.40 ♑	♒	09.48 ♈ ○	03.31 ♉ ○	♊	♋ 13.52
24	♉	00.30 ♋	♋	♍	♎	♐	♑	♒ 15.12 ○	♈	♉	02.15 ♋	♌
25	♉ 12.12	♋	10.40 ♌	♍ 21.18	07.18 ♏	♐	♑ 20.39	♓	♈ 21.18	♉ 12.49	♋	♌ 16.15
26	♊	02.09 ♌	♌	♎	♏	03.22 ♑ ○	♒ ○	♓	♉	♊	07.02 ♌	♍
27	♊ 15.02	♌	11.58 ♍	♎ 23.30	♏ 12.17	♑	♒	03.50 ♈	♉	♊ 20.15	♌	♍ 18.39
28	♋	01.53 ♍ ○	♍	♏ ○	♐ ○	♑ 13.53	09.01 ♓	♈	07.12 ♊	♋	10.35 ♍ ◑	♎ ◑
29	♋ 15.11		♍ 12.22	♏	♐ 19.45	♒	♓	♈ 15.36	♊	♋	♍	♎ 21.51
30	♌ ○		♎ ○	03.37 ♐	♑	♒	♓ 21.43	♉	♊ 14.47	01.40 ♌ ◑	♍ 13.16	♏
31	♌ 14.24		♎ 13.42		♑		♈	♉		♌		♏

15. Januar: Ringförmige Sonnenfinsternis 08.07 (♑); 26. Juni: Partielle Mondfinsternis 12.39 (♑);
11. Juli: Totale Sonnenfinsternis 20.34 (♋); 21. Dezember: Totale Mondfinsternis 09.17 (♊)

2011	Jan.	Febr.	März	April	Mai	Juni	Juli	August	Sept.	Okt.	Nov.	Dez.
1	02.22 ♐	♑	06.15 ♒	♓	♈	00.57 ♊ ●	♋ ●	09.43 ♍	♎ 19.49	05.43 ♐	♑ 23.09	♒ 15.46
2	♐	00.22 ♒	♒	♓ 12.17	06.59 ♉	♊	♋ 22.44	♍	♏	♐	♒ ◐	♓ ◐
3	08.40 ♑	♒ ●	♒ 17.48	♈ ●	♉ ●	09.37 ♋	♌	11.05 ♎	♏ 22.05	09.17 ♑	♒	♓
4	♑ ●	11.25 ♓	♓ ●	♈	♉ 18.10	♋	♌	♎	♐ ◐	♑ ◐	08.19 ♓	02.52 ♈
5	♑ 17.09	♓	♓	00.47 ♉	♊	♋ 16.04	02.16 ♍	♎ 12.58	♐	♑ 16.19	♓	♈
6	♒	♓ 23.47	06.15 ♈	♉	♊	♌	♍	♏ ◐	03.05 ♑	♒	♓ 20.03	♈ 15.36
7	♒	♈	♈	♉ 12.23	03.33 ♋	♌ 20.34	04.55 ♎	♏ 16.22	♑	♒	♈	♉
8	03.58 ♓	♈	♈ 18.53	♊	♋	♍	♎ ◐	♐	10.43 ♒	02.14 ♓	♈	♉
9	♓	♈ 12.24	♉	♊ 22.03	10.36 ♌	♍ 23.32 ◐	07.32 ♏	♐ 21.39	♒	♓	08.46 ♉	03.53 ♊
10	♓ 16.25	♉	♉	♋	♌ ◐	♎	♏	♑	♒ 20.27	♓ 13.58	♉ ○	♊ ○
11	♈	♉ 23.22 ◐	06.32 ♊	♋ ◐	♌ 15.00	♎	10.48 ♐	♑	♓	♈	♉ 21.11	♊ 14.27
12	♈ ◐	♊	♊	04.38 ♌	♍	01.34 ♏	♐	04.49 ♒	♓ ○	♈ ○	♊	♋
13	04.38 ♉	♊	♊ 15.31 ◐	♌	♍ 16.58	♏	♐ 15.15	♒ ○	07.50 ♈	02.36 ♉	♊	♋ 22.49
14	♉	06.50 ♋	♋	07.41 ♍	♎	03.39 ♐	♑	♒ 13.55	♈	♉	08.20 ♋	♌
15	♉ 14.24	♋	♋ 20.34	♍	♎ 17.33	♐ ○	♑ 21.31 ○	♓	♈ 20.26	♉ 15.16	♋	♌
16	♊	10.15 ♌	♌	08.00 ♎	♏	07.00 ♑	♒	♓	♉	♊	♋ 17.18	05.00 ♍
17	♊ 20.30	♌	♌ 21.54	♎	♏ 18.24 ○	♑	♒	01.03 ♈	♉	♊	♌	♍
18	♋	10.40 ♍ ○	♍	07.20 ♏ ○	♐	♑ 12.48	06.14 ♓	♈	09.07 ♊	02.39 ♋	♌ 23.20 ◑	09.07 ♎ ◑
19	♋ 23.17 ○	♍	♍ 21.04 ○	♏	♐ 21.17	♒	♓	♈ 13.37	♊	♋	♍	♎
20	♌	10.02 ♎	♎	07.51 ♐	♑	♒ 21.46	♓ 17.26	♉	♊ 19.55 ◑	11.07 ♌ ◑	♍	11.34 ♏
21	♌	♎	♎ 20.18	♐	♑	♓	♈	♉ ◑	♋	♌	02.17 ♎	♏
22	00.11 ♍	10.30 ♏	♏	11.25 ♑	03.33 ♒	♓	♈	01.54 ♊	♋	♌ 15.42	♎	♏ 13.04
23	♍	♏	♏ 21.46	♑	♒	09.25 ♈ ◑	05.59 ♉ ◑	♊	02.56 ♌	♍	02.59 ♏	♐
24	01.00 ♎	♏ 13.47	♐	♑ 19.00	♒ 13.25 ◑	♈	♉	11.32 ♋	♌	♍ 16.50	♏	♐ 14.48 ●
25	♎	♐ ◑	♐	♒ ◑	♓	♈ 21.54	♉ 17.35	♋	05.50 ♍	♎	02.58 ♐ ●	♑
26	03.17 ♏ ◑	♐ 20.33	02.58 ♑ ◑	♒	♓	♉	♊	♋ 17.10	♍	♎ 16.09 ●	♐	♑ 18.15
27	♏	♑	♑	05.59 ♓	01.37 ♈	♉	♊	♌	05.52 ♎ ●	♏	04.06 ♑	♒
28	07.56 ♐	♑	♑ 12.01	♓	♈	08.57 ♊	02.13 ♋	♌ 19.14	♎	♏ 15.46	♑	♒
29	♐		♒	♓ 18.34	♈ 14.03	♊	♋	♍ ●	05.06 ♏	♐	08.03 ♒	00.46 ♓
30	♐ 15.05		♒ 23.39	♈	♉	♊ 17.14	07.17 ♌ ●	♍ 19.26	♏	♐ 17.40	♒	♓
31	♑		♓		♉		♌	♎		♑		10.49 ♈

4. Januar: Partielle Sonnenfinsternis 09.51 (♑); 1. Juni: Partielle Sonnenfinsternis 22.16 (♊); 15. Juni: Totale Mondfinsternis 21.13 (♐);
1. Juli: Partielle Sonnenfinsternis 09.39 (♋); 25. November: Partielle Sonnenfinsternis 07.20 (♐); 10. Dezember: Totale Mondfinsternis 15.32 (♊)

2012	Jan.	Febr.	März	April	Mai	Juni	Juli	August	Sept.	Okt.	Nov.	Dez.
1	♈ ◐	♉ 20.16	♊ ◐	09.37 ♌	00.03 ♍	♎ 13.32	♐	10.57 ♒	♓	♈	♊	♋
2	♈ 23.17	♊	♊ 16.09	♌	♍	♏	♐ 23.52	♒ ○	06.38 ♈	00.27 ♉	♊	♋
3	♉	♊	♋	♌ 14.54	03.05 ♎	♏ 13.33	♑ ○	♒ 14.59	♈	♉	08.44 ♋	02.58 ♌
4	♉	07.05 ♋	♋	♍	♎	♐ ○	♑	♓	♈ 16.42	♉ 12.48	♋	♌
5	11.45 ♊	♋	00.19 ♌	♍ 16.33	03.21 ♏	♐ 13.32	01.27 ♒	♓ 22.00	♉	♊	♋ 20.40	♌ 12.53
6	♊	♋ 14.25	♌	♎ ○	♏ ○	♑	♒	♈	♉	♊	♌	♍ ◑
7	♊ 22.06	♌ ○	04.28 ♍	♎ 16.19	02.40 ♐	♑ 15.18	05.30 ♓	♈	05.11 ♊	01.46 ♋	♌ ◑	♍ 19.36
8	♋	♌ 18.33	♍ ○	♏	♐	♒	♓	08.29 ♉	♊ ◑	♋ ◑	05.36 ♍	♎
9	♋ ○	♍	05.51 ♎	♏ 16.13	03.01 ♑	♒ 20.23	♓ 13.15	♉ ◑	♊ 17.50	♋ 12.56	♍	♎ 22.52
10	05.36 ♌	♍ 20.55	♎	♐	♑	♓	♈	♉ 21.12	♋	♌	10.36 ♎	♏
11	♌	♎	06.25 ♏	♐ 18.03	06.04 ♒	♓ ◑	♈ ◑	♊	♋	♌ 20.25	♎	♏ 23.23
12	10.45 ♍	♎ 23.02	♏	♑	♒ ◑	05.22 ♈	00.32 ♉	♊	04.02 ♌	♍	♎ 12.11	♐
13	♍	♏	07.55 ♐	♑ 22.49 ◑	♒ 12.43	♈	♉	09.29 ♋	♌	♍	♏ ●	♐ 22.44 ●
14	♍ 14.29	♏ ◑	♐	♒	♓	♈ 17.23	♉ 13.28	♋	10.32 ♍	00.03 ♎	11.53 ♐	♑
15	♎	01.57 ♐	11.25 ♑ ◑	♒	♓ 22.47	♉	♊	♋ 19.06	♍	♎ ●	♐	♑ 22.54
16	♎ 17.35 ◑	♐	♑	06.39 ♓	♈	♉	♊	♌	♍ 13.56 ●	01.07 ♏	11.37 ♑	♒
17	♏	06.04 ♑	♑ 17.13	♓	♈	06.25 ♊	01.32 ♋	♌ ●	♎	♏	♑	♒
18	♏ 20.30	♑	♒	♓ 17.00	11.04 ♉	♊	♋	01.34 ♍	♎ 15.47	01.27 ♐	♑ 13.11	01.49 ♓
19	♐	11.29 ♒	♒	♈	♉	♊ 18.35 ●	11.14 ♌ ●	♍	♏	♐	♒	♓
20	♐ 23.41	♒	01.06 ♓	♈	♉	♋	♌	05.46 ♎	♏ 17.35	02.42 ♑	♒ 17.56 ◐	08.44 ♈ ◐
21	♑	♒ 18.32 ●	♓	05.06 ♉ ●	00.06 ♊ ●	♋	♌ 18.25	♎	♐	♑	♓	♈
22	♑	♓	10.58 ♈ ●	♉	♊	04.48 ♌	♍	08.55 ♏	♐ 20.22 ◐	06.03 ♒ ◐	♓	♈ 19.26
23	03.54 ♒ ●	♓	♈	♉ 18.06	♊ 12.32	♌	♍ 23.39	♏	♑	♒	02.13 ♈	♉
24	♒	03.49 ♈	♈ 22.44	♊	♋	♌ 12.44	♎	11.51 ♐ ◐	♑	♒ 12.01	♈	♉
25	10.12 ♓	♈	♉	♊	♋ 23.12	♍	♎	♐	00.34 ♒	♓	♈ 13.19	08.14 ♊
26	♓	♈ 15.31	♉	06.43 ♋	♌	♍ 18.16	03.30 ♏ ◐	♐ 15.00	♒	♓ 20.32	♉	♊
27	♓ 19.29	♉	11.44 ♊	♋	♌	♎ ◐	♏	♑	06.25 ♓	♈	♉	♊ 21.08
28	♈	♉	♊	♋ 17.12	07.07 ♍ ◐	♎ 21.33	06.19 ♐	♑ 18.39	♓	♈	01.59 ♊ ○	♋ ○
29	♈	04.28 ♊	♊	♌ ◐	♍	♏	♐	♒	♓ 14.15	07.16 ♉ ○	♊	♋
30	07.29 ♉		00.08 ♋ ◐	♌	11.47 ♎	♏ 23.05	08.30 ♑	♒ 23.32	♈ ○	♉	♊ 14.56	08.46 ♌
31	♉ ◐		♋		♎		♑	♓ ○		♉ 19.41		♌

21. Mai: Ringförmige Sonnenfinsternis 00.53 (♊); 4. Juni: Partielle Mondfinsternis 12.03 (♐);
13. November: Totale Sonnenfinsternis 23.12 (♏); 28. November: Halbschatten-Mondfinsternis 15.33 (♊)

2013	Jan.	Febr.	März	April	Mai	Juni	Juli	August	Sept.	Okt.	Nov.	Dez.
1	♌ 18.36	♎	♎ 18.35	♐	♑ 15.21	♓	♈ 22.44	♊	♋	♌ 19.53	♎	♏
2	♍	♎ 13.03	♏	06.36 ♑	♒ ◐	07.34 ♈	♉	♊	01.02 ♌	♍	♎ 18.36	07.32 ♐
3	♍	♏ ◐	♏ 22.12	♑ ◐	♒ 19.26	♈	♉	05.31 ♋	♌	♍	♏ ●	♐ ●
4	02.12 ♎	♏ 16.46	♐ ◐	09.43 ♒	♓	♈ 16.55	10.23 ♊	♋	11.45 ♍	04.01 ♎	♏ 21.15	07.51 ♑
5	♎ ◐	♐	♐	♒	♓	♉	♊	♋ 17.59	♍ ●	♎ ●	♐	♑
6	07.10 ♏	♐ 18.56	01.15 ♑	♒ 14.01	02.04 ♈	♉	♊ 23.15	♌ ●	♍ 20.14	09.34 ♏	♐ 22.45	07.54 ♒
7	♏	♑	♑	♓	♈	04.33 ♊	♋	♌	♎	♏	♑	♒
8	09.29 ♐	♑ 20.18	04.03 ♒	♓ 20.03	11.10 ♉	♊ ●	♋ ●	04.58 ♍	♎	♏ 13.23	♑	09.35 ♓
9	♐	♒	♒	♈	♉	♊ 17.17	11.49 ♌	♍	02.45 ♏	♐	00.31 ♒	♓ ◑
10	09.55 ♑	♒ 22.21 ●	07.20 ♓	♈ ●	♉ 22.22 ●	♋	♌	♍ 14.09	♏	♐ 16.18	♒ ◑	♓ 14.07
11	♑ ●	♓	♓ ●	04.23 ♉	♊	♋	♌ 23.13	♎	07.37 ♐	♑	03.37 ♓	♈
12	10.02 ♒	♓	♓ 12.18	♉	♊	05.59 ♌	♍	♎ 21.19	♐ ◑	♑ 19.01 ◑	♓	♈ 21.41
13	♒	02.52 ♈	♈	♉ 15.14	10.58 ♋	♌	♍	♏	10.57 ♑	♒	08.40 ♈	♉
14	11.50 ♓	♈	♈ 20.09	♊	♋	♌ 17.27	08.42 ♎	♏ ◑	♑	♒ 22.07	♈	♉
15	♓	11.09 ♉	♉	♊	♋ 23.29	♍	♎	02.05 ♐	♑ 13.06	♓	♈ 15.50	07.42 ♊
16	♓ 17.08	♉	♉	03.50 ♋	♌	♍ ◑	♎ 15.25 ◑	♐	♒	♓	♉	♊
17	♈	♉ 22.51 ◑	07.10 ♊	♋	♌	02.20 ♎	♏	04.26 ♑	♒ 14.59	02.19 ♈	♉ ○	♊ 19.18 ○
18	♈	♊	♊	♋ 16.15 ◑	10.34 ♍ ◑	♎	♏ 18.55	♑	♓	♈	01.08 ♊	♋
19	02.37 ♉ ◑	♊	♊ 19.56 ◑	♌	♍	07.40 ♏	♐	05.08 ♒	♓ 17.59 ○	08.28 ♉ ○	♊	♋
20	♉	11.46 ♋	♋	♌	♍ 18.08	♏	♐ 19.40	♒	♈	♉	♊ 12.24	07.49 ♌
21	♉ 15.05	♋	♋	02.10 ♍	♎	09.32 ♐	♑	05.44 ♓ ○	♈ 23.34	♉ 17.15	♋	♌
22	♊	♋ 23.13	07.51 ♌	♍	♎ 21.56	♐	♑ 19.08 ○	♓	♉	♊	♋	♌ 20.20
23	♊	♌	♌	08.26 ♎	♏	09.09 ♑ ○	♒	08.14 ♈	♉	♊	00.58 ♌	♍
24	04.01 ♋	♌	♌ 16.50	♎	♏ 22.50	♑	♒ 19.23	♈	08.35 ♊	04.37 ♋	♌	♍
25	♋	07.54 ♍ ○	♍	11.26 ♏ ○	♐ ○	08.28 ♒	♓	♈ 14.14	♊	♋	♌ 13.12 ◐	07.18 ♎ ◐
26	♋ 15.21	♍	♍ 22.33	♏	♐ 22.29	♒	♓ 22.30	♉	♊ 20.26	♋ 17.13	♍	♎
27	♌ ○	♍ 14.03	♎ ○	♏ 12.33	♑	09.33 ♓	♈	♉	♋ ◐	♌ ◐	♍ 23.01	♎ 14.59
28	♌	♎	♎	♐	♑ 22.49	♓	♈	00.09 ♊ ◐	♋	♌	♎	♏
29	00.28 ♍		01.55 ♏	♐ 13.22	♒	♓ 14.08	05.44 ♉ ◐	♊	08.58 ♌	04.46 ♍	♎	♏ 18.38
30	♍		♏	♑	♒	♈ ◐	♉	♊ 12.34	♌	♍	05.04 ♏	♐
31	07.37 ♎		04.14 ♐		01.31 ♓ ◐		♉ 16.43	♋		♍ 13.23		♐ 19.02

25. April: Partielle Mondfinsternis 21.08 (♏); 10. Mai: Ringförmige Sonnenfinsternis 01.25 (♉); 25. Mai: Halbschatten-Mondfinsternis 05.10 (♐); 19. Oktober: Halbschatten-Mondfinsternis 00.50 (♈); 3. November: Ringförmige totale Sonnenfinsternis 13.47 (♏)

2014	Jan.	Febr.	März	April	Mai	Juni	Juli	August	Sept.	Okt.	Nov.	Dez.
1	♑ ●	04.46 ♓	♓ ●	06.21 ♉	♊	♋	♌ 22.25	♎	♏ 18.18	05.42 ♑ ◑	♒ 17.38	02.15 ♈
2	♑ 18.04	♓	♓ 16.41	♉	♊	02.44 ♌	♍	♎	♐ ◑	♑	♓	♈
3	♒	05.56 ♈	♈	♉ 12.49	07.14 ♋	♌	♍	03.58 ♏	♐ 23.16	09.01 ♒	♓ 19.54	06.16 ♉
4	♒ 17.59	♈	♈ 20.13	♊	♋	♌ 15.21	10.44 ♎	♏ ◑	♑	♒	♈	♉
5	♓	10.48 ♉	♉	♊ 22.41	♋ 18.57	♍ ◑	♎ ◑	11.20 ♐	♑	10.25 ♓	♈ 22.34	11.29 ♊
6	♓ 20.46	♉ ◑	♉	♋	♌	♍	♎ 20.35	♐	01.00 ♒	♓	♉ ○	♊ ○
7	♈	♉ 19.45	03.38 ♊	♋ ◑	♌ ◑	03.02 ♎	♏	♐ 14.40	♒	11.08 ♈	♉	♊ 18.35
8	♈ ◑	♊	♊ ◑	10.51 ♌	07.25 ♍	♎	♏	♑	00.48 ♓	♈ ○	02.46 ♊	♋
9	03.25 ♉	♊	♊ 14.34	♌	♍	11.39 ♏	02.26 ♐	♑ 14.53	♓ ○	♈ 12.45	♊	♋
10	♉	07.34 ♋	♋	♌ 23.09	♍ 18.20	♏	♐	♒ ○	00.34 ♈	♉	09.39 ♋	04.15 ♌
11	♉ 13.27	♋	♋	♍	♎	♏ 16.24	04.26 ♑	♒ 13.56	♈	♉ 16.52	♋	♌
12	♊	♋ 20.16	03.10 ♌	♍	♎	♐	♑ ○	♓	02.18 ♉	♊	♋ 19.45	♌ 16.20
13	♊	♌	♌	09.34 ♎	02.08 ♏	♐ 18.06 ○	04.08 ♒	♓ 14.01	♉	♊	♌	♍
14	01.26 ♋	♌	♌ 15.19	♎	♏ ○	♑	♒	♈	07.27 ♊	00.31 ♋	♌ ◐	♍ ◐
15	♋	08.27 ♍ ○	♍	♎ 17.21 ○	06.45 ♐	♑ 18.28	03.41 ♓	♈ 16.59	♊	♋ ◐	08.09 ♍	05.06 ♎
16	♋ 14.02 ○	♍	♍ ○	♏	♐	♒	♓	♉	♊ 16.25 ◐	11.30 ♌	♍	♎
17	♌	♍ 19.24	01.47 ♎	♏ 22.45	09.13 ♑	♒ 19.27	05.08 ♈	♉ 23.42 ◐	♋	♌	♍ 20.31	♎ 15.53
18	♌	♎	♎	♐	♑	♓	♈	♊	♋	♌	♎	♏
19	02.24 ♍	♎	10.14 ♏	♐	10.59 ♒	♓ 22.27 ◐	09.44 ♉ ◐	♊	04.11 ♌	00.09 ♍	♎	♏ 22.56
20	♍	04.34 ♏	♏	02.29 ♑	♒	♈	♉	09.46 ♋	♌	♍	06.32 ♏	♐
21	♍ 13.44	♏	♏ 16.40	♑	♒ 13.19 ◐	♈	♉ 17.37	♋	♌ 16.55	♍ 12.13	♏	♐
22	♎	11.13 ♐ ◐	♐	05.19 ♒ ◐	♓	04.04 ♉	♊	♋ 21.50	♍	♎	♏ 13.20 ●	02.26 ♑ ●
23	♎ 22.45	♐	♐ 21.04	♒	♓ 17.02	♉	♊	♌	♍	♎ 22.11 ●	♐	♑
24	♏ ◐	♐ 14.51	♑ ◐	07.56 ♓	♈	♉ 12.07	04.00 ♋	♌	05.00 ♎ ●	♏	♐ 17.33	03.53 ♒
25	♏	♑	♑ 23.40	♓	♈ 22.29	♊	♋	10.34 ♍ ●	♎	♏	♑	♒
26	04.14 ♐	♑ 15.57	♒	11.02 ♈	♉	♊ 22.07	♋ 15.56 ●	♍	♎ 15.30	05.41 ♐	♑ 20.24	05.08 ♓
27	♐	♒	♒	♈	♉	♋ ●	♌	♍ 22.55	♏	♐	♒	♓
28	06.05 ♑	♒ 15.54	01.11 ♓	♈ 15.24	05.49 ♊ ●	♋	♌	♎	♏ 23.51	11.04 ♑	♒ 23.04	07.36 ♈ ◑
29	♑		♓	♉ ●	♊	09.44 ♌	04.38 ♍	♎	♐	♑	♓ ◑	♈
30	05.34 ♒ ●		02.55 ♈ ●	♉ 21.57	♊ 15.14	♌	♍	09.54 ♏	♐	♑ 14.53	♓	11.57 ♉
31	♒		♈		♋		♍ 17.10	♏		♒ ◑		♉

15. April: Totale Mondfinsternis 08.46 (♎); 29. April: Ringförmige Sonnenfinsternis 07.04 (♉);
8. Oktober: Totale Mondfinsternis 11.55 (♈); 23. Oktober: Partielle Sonnenfinsternis 22.45 (♏)

2015	Jan.	Febr.	März	April	Mai	Juni	Juli	August	Sept.	Okt.	Nov.	Dez.
1	Stier 18.10	Krebs	Krebs	Jungfrau	Waage	Skorpion 19.40	10.12 Steinbock	Wassermann 23.37	Widder	Stier 21.05	Krebs	Löwe
2	Zwillinge	Krebs 18.42	00.35 Löwe	Jungfrau	Waage	Schütze ○	Steinbock ○	Fische	10.03 Stier	Zwillinge	Krebs 16.49	11.10 Jungfrau
3	Zwillinge	Löwe	Löwe	08.09 Waage	02.48 Skorpion	Schütze	Steinbock 13.22	Fische	Stier	Zwillinge	Löwe ◑	Jungfrau ◑
4	02.09 Krebs	Löwe ○	Löwe 12.59	Waage ○	Skorpion ○	01.52 Steinbock	Wassermann	00.25 Widder	Stier 12.49	01.23 Krebs ◑	Löwe	Jungfrau 23.35
5	Krebs ○	06.47 Jungfrau	Jungfrau ○	Waage 20.05	Skorpion 12.14	Steinbock	Wassermann 15.24	Widder	Zwillinge ◑	Krebs	03.24 Jungfrau	Waage
6	Krebs 12.04	Jungfrau	Jungfrau	Skorpion	Schütze	06.03 Wassermann	Fische	02.30 Stier	Zwillinge 18.41	09.32 Löwe	Jungfrau	Waage
7	Löwe	Jungfrau 19.45	01.53 Waage	Skorpion	Schütze 19.17	Wassermann	Fische 17.39	Stier ◑	Krebs	Löwe	Jungfrau 16.15	Waage 12.27
8	Löwe 23.59	Waage	Waage	06.09 Schütze	Steinbock	09.17 Fische	Widder ◑	06.41 Zwillinge	Krebs	Löwe 20.52	Waage	Skorpion
9	Jungfrau	Waage	Waage 14.11	Schütze	Steinbock	Fische ◑	Widder 20.51	Zwillinge	03.37 Löwe	Jungfrau	Waage	Skorpion 23.26
10	Jungfrau	08.06 Skorpion	Skorpion	Schütze 13.48	00.23 Wassermann	Fische 12.15	Stier	Zwillinge 13.09	Löwe	Jungfrau	05.04 Skorpion	Schütze
11	Jungfrau 12.58	Skorpion	Skorpion	Steinbock	Wassermann ◑	Widder	Stier	Krebs	Löwe 14.57	09.47 Waage	Skorpion ●	Schütze ●
12	Waage	Skorpion 17.48 ◑	00.31 Schütze	Steinbock 18.45 ◑	03.54 Fische	Widder 15.17	01.17 Zwillinge	Krebs 21.53	Jungfrau	Waage	Skorpion 16.15	07.48 Steinbock
13	Waage ◑	Schütze	Schütze ◑	Wassermann	Fische	Stier	Zwillinge	Löwe	Jungfrau ●	Waage 22.39 ●	Schütze	Steinbock
14	00.45 Skorpion	Schütze 23.25	07.41 Steinbock	Wassermann 21.13	06.15 Widder	Stier 18.52	07.15 Krebs	Löwe ●	03.42 Waage	Skorpion	Schütze	Steinbock 14.00
15	Skorpion	Steinbock	Steinbock	Fische	Widder	Zwillinge	Krebs	08.47 Jungfrau	Waage	Skorpion	01.22 Steinbock	Wassermann
16	09.02 Schütze	Steinbock	11.15 Wassermann	Fische 22.01	08.03 Stier	Zwillinge 23.52 ●	Krebs 16.16 ●	Jungfrau	Waage 16.44	10.19 Schütze	Steinbock	Wassermann 18.46
17	Schütze	01.14 Wassermann	Wassermann	Widder	Stier	Krebs	Löwe	Jungfrau 21.24	Skorpion	Schütze	08.25 Wassermann	Fische
18	Schütze 13.05	Wassermann	11.59 Fische	Widder 22.32 ●	10.28 Zwillinge ●	Krebs	Löwe	Waage	Skorpion	Schütze 19.53	Wassermann	Fische 22.27 ◐
19	Steinbock	00.49 Fische ●	Fische	Stier	Zwillinge	07.24 Löwe	01.48 Jungfrau	Waage	04.33 Schütze	Steinbock	Wassermann 13.23 ◐	Widder
20	Steinbock 14.00 ●	Fische	11.29 Widder ●	Stier	Zwillinge 14.57	Löwe	Jungfrau	10.25 Skorpion	Schütze	Steinbock ◐	Fische	Widder
21	Wassermann	00.14 Widder	Widder	00.29 Zwillinge	Krebs	Löwe 18.00	Jungfrau 14.24	Skorpion	Schütze 13.34 ◐	02.39 Wassermann	Fische 16.13	01.14 Stier
22	Wassermann 13.49	Widder	11.41 Stier	Zwillinge	Krebs 22.43	Jungfrau	Waage	Skorpion 21.42 ◐	Steinbock	Wassermann	Widder	Stier
23	Fische	01.29 Stier	Stier	05.27 Krebs	Löwe	Jungfrau	Waage	Schütze	Steinbock 18.52	06.19 Fische	Widder 17.27	03.32 Zwillinge
24	Fische 14.32	Stier	Stier 14.24	Krebs	Löwe	06.42 Waage ◐	03.08 Skorpion ◐	Schütze	Wassermann	Fische	Stier	Zwillinge
25	Widder	05.55 Zwillinge ◐	Zwillinge	Krebs 14.14	09.53 Jungfrau ◐	Waage	Skorpion	05.23 Steinbock	Wassermann 20.45	07.23 Widder	Stier 18.16 ○	06.28 Krebs ○
26	Widder 17.38	Zwillinge	Zwillinge 20.46	Löwe ◐	Jungfrau	Waage 18.58	Skorpion 13.26	Steinbock	Fische	Widder	Zwillinge	Krebs
27	Stier ◐	Zwillinge 13.51	Krebs ◐	Löwe	Jungfrau 22.43	Skorpion	Schütze	09.05 Wassermann	Fische 20.30	07.08 Stier ○	Zwillinge 20.28	11.32 Löwe
28	Stier 23.37	Krebs	Krebs	02.08 Jungfrau	Waage	Skorpion	Schütze 19.49	Wassermann	Widder ○	Stier	Krebs	Löwe
29	Zwillinge		06.49 Löwe	Jungfrau	Waage	04.22 Schütze	Steinbock	09.52 Fische ○	Widder 19.58	07.25 Zwillinge	Krebs	Löwe 19.59
30	Zwillinge		Löwe	Jungfrau 15.04	10.35 Skorpion	Schütze	Steinbock 22.41	Fische	Stier	Zwillinge	01.48 Löwe	Jungfrau
31	08.10 Krebs		Löwe 19.13		Skorpion		Wassermann ○	09.34 Widder		10.10 Krebs		Jungfrau

20. März: Totale Sonnenfinsternis 10.46 (Fische); 4. April: Partielle Mondfinsternis 13.00 (Waage);
13. September: Partielle Sonnenfinsternis 07.54 (Jungfrau); 28. September: Totale Mondfinsternis 03.47 (Widder)

2016	Jan.	Febr.	März	April	Mai	Juni	Juli	August	Sept.	Okt.	Nov.	Dez.
1	07.42 ♎	♏ ◐	00.57 ♐	♑	♒ 15.35	♈	♉ 12.45	♋	♍ ●	♎ ●	♏ 15.44	09.53 ♑
2	♎ ◐	♏ 16.51	♐ ◐	02.38 ♒	♓	03.48 ♉	♊	02.13 ♌ ●	♍	♎ 20.44	♐	♑
3	♎ 20.37	♐	11.03 ♑	♒	♓ 18.05	♉	♊ 14.21	♌	01.57 ♎	♏	♐	♑ 20.45
4	♏	♐	♑	06.47 ♓	♈	04.02 ♊	♋ ●	08.35 ♍	♎	♏	04.06 ♑	♒
5	♏	01.45 ♑	♑ 17.23	♓	♈ 18.11	♊ ●	♋ 17.29	♍	♎ 13.40	09.27 ♐	♑	♒
6	07.57 ♐	♑	♒	07.47 ♈	♉ ●	04.42 ♋	♌	♍ 17.58	♏	♐	♑ 14.56	05.32 ♓
7	♐	07.00 ♒	♒ 20.10	♈ ●	♉ 17.36	♋	♌ 23.42	♎	♏	♐ 21.41	♒ ◑	♓ ◑
8	♐ 16.08	♒ ●	♓	07.12 ♉	♊	07.48 ♌	♍	♎	02.21 ♐	♑	♒ 22.46	11.17 ♈
9	♑	08.32 ♓	♓ 20.41 ●	♉	♊ 18.25	♌	♍	05.53 ♏	♐ ◑	♑ ◑	♓	♈
10	♑ 21.24 ●	♓	♈	07.00 ♊	♋	♌ 14.47	09.33 ♎	♏ ◑	♐ 13.56	07.34 ♒	♓	♈ 13.42
11	♒	10.56 ♈	♈ 20.45	♊	♋ 22.33	♍	♎	♏ 18.25	♑	♒	02.46 ♈	♉
12	♒	♈	♉	09.08 ♋	♌	♍ ◑	♎ 21.53 ◑	♐	♑ 22.30	♒ 13.44	♈	♉ 13.42
13	00.55 ♓	♈ 12.37	♉ 22.05	♋	♌ ◑	01.34 ♎	♏	♐	♒	♓	03.25 ♉	♊
14	♓	♉	♊	♋ 14.54 ◑	06.53 ♍	♎	♏	05.12 ♑	♒	♓ 16.09	♉ ○	♊ 13.10 ○
15	03.49 ♈	♉ 15.36 ◑	♊ ◑	♌	♍	♎ 14.19	10.15 ♐	♑	03.24 ♓	♈	02.24 ♊	♋
16	♈	♊	01.58 ♋	♌	♍ 18.34	♏	♐	♑ 12.53	♓ ○	♈ 16.05 ○	♊	♋ 14.16
17	06.49 ♉ ◑	♊ 20.25	♋	00.24 ♍	♎	♏	♐ 20.34	♒	05.23 ♈	♉	01.58 ♋	♌
18	♉	♋	08.55 ♌	♍	♎	02.35 ♐	♑	♒ 17.35 ○	♈	♉ 15.31	♋	♌ 18.53
19	10.14 ♊	♋	♌	♍ 12.25	07.31 ♏	♐	♑ ○	♓	05.59 ♉	♊	04.16 ♌	♍
20	♊	03.18 ♌	♌ 18.40	♎	♏	♐ 12.56 ○	04.11 ♒	♓ 20.20	♉	♊ 16.29	♌	♍
21	♊ 14.29	♌	♍	♎	♏ 19.49 ○	♑	♒	♈	06.54 ♊	♋	10.35 ♍ ◐	03.41 ♎ ◐
22	♋	♌ 12.25 ○	♍	01.19 ♏ ○	♐	♑ 21.10	09.36 ♓	♈ 22.20	♊	♋ 20.35 ◐	♍	♎
23	♋ 20.22	♍	06.24 ♎ ○	♏	♐	♒	♓	♉	09.34 ♋ ◐	♌	♍ 20.43	♎ 15.34
24	♌ ○	♍ 23.43	♎	♏ 13.47	06.35 ♑	♒	♓ 13.34	♉	♋	♌	♎	♏
25	♌	♎	♎ 19.10	♐	♑	03.32 ♓	♈	00.41 ♊ ◐	♋ 14.49	04.17 ♍	♎	♏
26	04.47 ♍	♎	♏	♐	♑ 15.28	♓	♈ 16.39	♊	♌	♍	09.03 ♏	04.20 ♐
27	♍	♎ 12.27	♏	00.56 ♑	♒	08.09 ♈ ◐	♉ ◐	04.07 ♋	♌ 22.44	♍ 14.52	♏	♐
28	♍ 16.00	♏	07.47 ♐	♑	♒ 22.07	♈	♉ 19.18	♋	♍	♎	♏ 21.47	♐ 16.13
29	♎	♏	♐	09.48 ♒	♓ ◐	11.04 ♉	♊	09.13 ♌	♍	♎	♐ ●	♑ ●
30	♎		♐ 18.46	♒ ◐	♓	♉	♊ 22.10	♌	08.53 ♎	03.02 ♏ ●	♐	♑
31	04.51 ♏		♑ ◐		02.10 ♈		♋	♌ 16.23		♏		02.30 ♒

9. März: Totale Sonnenfinsternis 02.57 (♓); 23. März: Halbschatten-Mondfinsternis 12.47 (♎);
1. September: Ringförmige Sonnenfinsternis 10.07 (♍); 16. September: Halbschatten-Mondfinsternis 19.54 (♓)

2017	Jan.	Febr.	März	April	Mai	Juni	Juli	August	Sept.	Okt.	Nov.	Dez.
1	♒	♈	♈	♊	♋	♍ ◐	♎ ◐	♏ 13.02	♑	♒	07.44 ♈	♉
2	10.58 ♓	♈	08.44 ♉	♊ 19.28	05.13 ♌	♍	♎ 18.00	♐	♑ 21.07	♒ 15.27	♈	♉ 22.22
3	♓	02.51 ♉	♉	♋ ◐	♌ ◐	01.05 ♎	♏	♐	♒	♓	10.47 ♉	♊ ○
4	♓ 17.21	♉ ◐	11.07 ♊	♋ 23.14	10.48 ♍	♎	♏	01.38 ♑	♒	♓ 21.41	♉ ○	♊ 21.38
5	♈ ◐	05.45 ♊	♊ ◐	♌	♍	11.47 ♏	06.09 ♐	♑	06.29 ♓	♈ ○	11.27 ♊	♋
6	♈ 21.19	♊	♊ 13.55	♌	♍ 19.21	♏	♐	♑ 13.17	♓ ○	♈	♊	♋ 21.38
7	♉	08.04 ♋	♋	05.21 ♍	♎	♏	♐ 18.46	♒ ○	♓ 13.02	00.57 ♉	11.46 ♋	♌
8	♉ 23.07	♋	♋ 17.47	♍	♎	00.00 ♐	♑	♒ 22.57	♈	♉	♋	♌
9	♊	10.42 ♌	♌	♍ 13.35	06.02 ♏	♐ ○	♑ ○	♓	♈ 17.24	02.46 ♊	♋ 13.30	00.10 ♍
10	♊ 23.50	♌	♌ 23.08	♎	♏ ○	♐ 12.37	06.36 ♒	♓	♉	♊	♌ ◑	♍ ◑
11	♋	♌ 14.53 ○	♍	♎ 23.43 ○	♏ 18.01	♑	♒	06.23 ♈	♉ 20.30	04.39 ♋	♌ 17.42	06.02 ♎
12	♋ ○	♍	♍ ○	♏	♐	♑	♒ 16.52	♈	♊	♋ ◑	♍	♎
13	01.09 ♌	♍ 21.44	06.29 ♎	♏	♐	00.46 ♒	♓	11.41 ♉	♊ 23.13 ◑	07.42 ♌	♍	♎ 15.00
14	♌	♎	♎	11.28 ♐	06.39 ♑	♒	♓	♉	♋	♌	00.27 ♎	♏
15	04.53 ♍	♎	♎ 16.12	♐	♑	11.19 ♓	00.53 ♈	♉ 15.07 ◑	♋	♌ 12.20	♎	♏
16	♍	07.42 ♏	♏	♐	♑ 18.51	♓	♈ ◑	♊	02.10 ♌	♍	09.20 ♏	02.08 ♐
17	♍ 12.17	♏	♏	00.06 ♑	♒	♓ 18.56 ◑	06.05 ♉	♊ 17.14	♌	♍ 18.36	♏	♐
18	♎	♏ 19.53 ◑	04.01 ♐	♑	♒	♈	♉	♋	05.53 ♍	♎	♏ 20.00 ●	♐ 14.35 ●
19	♎ 23.10 ◑	♐	♐	11.53 ♒ ◑	04.53 ♓ ◑	♈ 22.54	08.32 ♊	♋ 13.56	♍	♎ ●	♐	♑
20	♏	♐	♐ 16.32 ◑	♒	♓	♉	♊	♌	11.07 ♎ ●	02.42 ♏	♐	♑
21	♏	08.09 ♑	♑	♒ 20.44	11.12 ♈	♉ 23.45	09.11 ♋	♌ 21.26 ●	♎	♏	08.15 ♑	03.30 ♒
22	11.46 ♐	♑	♑	♓	♈	♊	♋	♍	♎ 18.41	♏ 12.58	♑	♒
23	♐	♑ 18.18	03.29 ♒	♓	♈ 13.34	♊ 23.08	09.35 ♌ ●	♍	♏	♐	♑ 21.15	♒ 15.43
24	♐ 23.44	♒	♒	01.34 ♈	♉	♋ ●	♌	02.06 ♎	♏	♐	♒	♓
25	♑	♒	11.08 ♓	♈	♉ 13.16 ●	♋ 23.08	11.33 ♍	♎	05.02 ♐	01.13 ♑	♒	♓
26	♑	01.25 ♓ ●	♓	02.57 ♉ ●	♊	♌	♍	09.54 ♏	♐	♑	09.05 ♓ ◐	01.28 ♈ ◐
27	09.38 ♒	♓	♓ 15.12	♉	♊ 12.26	♌	♍ 16.38	♏	♐ 17.25	♑ 14.00 ◐	♓	♈
28	♒ ●	05.53 ♈	♈ ●	02.40 ♊	♋	01.42 ♍	♎	♏ 20.49	♑ ◐	♒	♓ 17.31	07.24 ♉
29	♒ 17.11		♈ 16.49	♊	♋ 13.13	♍	♎	♐ ◐	♑	♒	♈	♉
30	♓		♉	02.49 ♋	♌	08.03 ♎	01.24 ♏ ◐	♐	05.41 ♒	00.47 ♓	♈ 21.39	09.32 ♊
31	♓ 22.48		♉ 17.41		♌ 17.17		♏	09.20 ♑		♓		♊

11. Februar: Halbschatten-Mondfinsternis 01.44 (♌); 26. Februar: Ringförmige Sonnenfinsternis 15.54 (♓);
7. August: Partielle Mondfinsternis 19.21 (♒); 21. August: Totale Sonnenfinsternis 19.26 (♌)

2018	Jan.	Febr.	März	April	Mai	Juni	Juli	August	Sept.	Okt.	Nov.	Dez.
1	09.11 ♋	♌ 20.14	06.59 ♍	♎ 23.58	♏ 16.21	♑	♒	11.56 ♈	♉	♊ 19.02	♌	♍ 15.50
2	♋ ○	♍	♍ ○	♏	♐	♑ 23.07	♒ 18.32	♈	09.03 ♊	♋ ◐	06.49 ♍	♎
3	08.24 ♌	♍ 22.48	09.22 ♎	♏	♐	♒	♓	♈ 20.52	♊ ◐	♋ 22.13	♍	♎ 20.56
4	♌	♎	♎	07.56 ♐	03.07 ♑	♒	♓	♉ ◐	♊ 13.05	♌	10.02 ♎	♏
5	09.13 ♍	♎	♎ 14.24	♐	♑	11.55 ♓	05.51 ♈	♉	♋	♌	♎	♏
6	♍	04.58 ♏	♏	♐ 19.02	♑ 15.50	♓ ◐	♈ ◐	02.33 ♊	♋ 14.55	00.20 ♍	♎ 14.03	03.50 ♐
7	♍ 13.16	♏ ◐	♏ 23.04	♑	♒	♓ 22.27	♈ 13.52	♊	♌	♍	♏ ●	♐ ●
8	♎ ◐	♏ 14.55	♐	♑ ◐	♒ ◐	♈	♉	05.02 ♋	♌ 15.30	02.11 ♎	♏ 20.01	♐ 13.03
9	♎ 21.07	♐	♐ ◐	07.51 ♒	04.12 ♓	♈	♉ 17.59	♋	♍ ●	♎ ●	♐	♑
10	♏	♐	10.53 ♑	♒	♓	05.05 ♉	♊	05.19 ♌	♍ 16.21	05.10 ♏	♐	♑
11	♏	03.22 ♑	♑	♒ 19.41	♓ 13.41	♉	♊ 19.00	♌ ●	♎	♏	04.56 ♑	00.41 ♒
12	08.05 ♐	♑	♑ 23.46	♓	♈	07.54 ♊	♋	05.00 ♍	♎ 19.16	10.54 ♐	♑	♒
13	♐	♑ 16.13	♒	♓	♈ 19.16	♊ ●	♋ 18.32 ●	♍	♏	♐	♑ 16.46	♒ 13.41
14	♐ 20.43	♒	♒	04.27 ♈	♉	08.21 ♋	♌	05.58 ♎	♏	♐ 20.18	♒	♓
15	♑	♒ ●	11.13 ♓	♈	♉ 21.44 ●	♋	♌ 18.32	♎	01.46 ♐	♑	♒ ◑	♓ ◑
16	♑	03.43 ♓	♓	09.52 ♉ ●	♊	08.22 ♌	♍	09.55 ♏	♐	♑ ◑	05.43 ♓	01.45 ♈
17	09.33 ♒ ●	♓	♓ 19.58 ●	♉	♊ 22.48	♌	♍ 20.43	♏ 17.46 ◑	♐ 12.09 ◑	08.37 ♒	♓	♈
18	♒	♓ 13.06	♈	♉ 13.03	♋	09.42 ♍	♎	♐	♑	♒	♓ 16.57	10.38 ♉
19	♒ 21.28	♈	♈	♊	♋	♍	♎ ◑	♐	♑	♒ 21.22	♈	♉
20	♓	♈ 20.13	02.08 ♉	♊ 15.28	00.12 ♌	♍ 13.30 ◑	02.14 ♏	♐	00.53 ♒	♓	♈	♉ 15.36
21	♓	♉	♉	♋	♌	♎	♏	05.02 ♑	♒	♓	00.44 ♉	♊
22	07.28 ♈	♉	06.31 ♊	♋ 18.10 ◑	03.04 ♍ ◑	♎ 20.12	11.13 ♐	♑	♒ 13.28	07.59 ♈	♉	♊ 17.29 ○
23	♈	01.09 ♊ ◑	♊	♌	♍	♏	♐	♑ 17.57	♓	♈	05.12 ♊ ○	♋
24	♈ 14.41 ◑	♊	09.54 ♋ ◑	♌ 21.41	07.53 ♎	♏	♐ 22.50	♒	♓	♈ 15.34 ○	♊	♋ 18.00
25	♉	04.07 ♋	♋	♍	♎	05.30 ♐	♑	♒	00.05 ♈ ○	♉	07.39 ♋	♌
26	♉ 18.41	♋	♋ 12.46	♍	♎ 14.41	♐	♑	06.33 ♓ ○	♈	♉ 20.42	♋	♌ 18.51
27	♊	05.43 ♌	♌	02.14 ♎	♏	♐ 16.53	11.42 ♒ ○	♓	08.17 ♉	♊	09.36 ♌	♍
28	♊ 19.59	♌	♌ 15.31	♎	♏ 23.20	♑ ○	♒	♓ 17.36	♉	♊	♌	♍ 21.24
29	♋		♍	08.13 ♏	♐ ○	♑	♒	♈	♉ 14.27	00.28 ♋	♌ 12.09	♎ ◐
30	♋ 19.54		♍ 18.53	♏ ○	♐	05.38 ♒	00.29 ♓	♈	♊	♋	♍ ◐	♎
31	♌ ○		♎ ○		10.28 ♑		♓	02.31 ♉		03.43 ♌ ◐		02.24 ♏

31. Januar: Totale Mondfinsternis 14.30 (♌); 15. Februar: Partielle Sonnenfinsternis 21.52 (♒); 13. Juli: Partielle Sonnenfinsternis 04.01 (♋);
27. Juli: Totale Mondfinsternis 21.22 (♒); 11. August: Partielle Sonnenfinsternis 10.46 (♌)

2019	Jan.	Febr.	März	April	Mai	Juni	Juli	August	Sept.	Okt.	Nov.	Dez.
1	♏	01.48 ♑	♑	♒ 15.49	11.25 ♈	♉	♊	♌ ●	00.09 ♎	♏	03.39 ♑	♒
2	10.00 ♐	♑	♑ 20.07	♓	♈	♉ 12.49	02.25 ♋ ●	♌ 14.22	♎	♏ 12.45	♑	♒
3	♐	♑ 14.04	♒	♓	♈ 21.19	♊ ●	♋	♍	00.36 ♏	♐	♑ 12.21	08.12 ♓
4	♐ 19.56	♒ ●	♒	03.58 ♈	♉ ●	♊ 17.18	04.20 ♌	♍ 14.31	♏	♐ 18.44	♒ ◐	♓ ◐
5	♑	♒	09.12 ♓	♈ ●	♉	♋	♌	♎	04.09 ♐	♑ ◐	♒	♓ 20.46
6	♑ ●	03.03 ♓	♓ ●	♈ 14.07	04.41 ♊	♋ 20.17	05.26 ♍	♎ 16.33	♐ ◐	♑	00.09 ♓	♈
7	07.47 ♒	♓	♓ 21.29	♉	♊	♌	♍	♏ ◐	11.38 ♑	04.43 ♒	♓	♈
8	♒	♓ 15.35	♈	♉ 22.16	10.08 ♋	♌ 22.46	07.08 ♎	♏ 21.36	♑	♒	♓ 12.50	08.30 ♉
9	♒ 20.45	♈	♈	♊	♋	♍	♎ ◐	♐	♑ 22.25	♒ 17.06	♈	♉
10	♓	♈	08.11 ♉	♊	♋ 14.15	♍ ◐	10.30 ♏	♐	♒	♓	♈	♉ 17.48
11	♓	02.30 ♉	♉	04.32 ♋	♌	01.30 ♎	♏	05.51 ♑	♒	♓	00.19 ♉	♊
12	09.19 ♈	♉ ◐	♉ 16.49	♋ ◐	♌ 17.23 ◐	♎	♏ 16.06	♑	10.53 ♓	05.47 ♈	♉ ○	♊ ○
13	♈	10.33 ♊	♊	08.51 ♌	♍	05.04 ♏	♐	♑ 16.37	♓	♈ ○	09.47 ♊	00.24 ♋
14	♈ 19.32 ◐	♊	♊ 22.50 ◐	♌	♍ 19.52	♏	♐	♒	♓ 23.34 ○	♈ 17.25	♊	♋
15	♉	♊ 15.04	♋	11.15 ♍	♎	10.04 ♐	00.06 ♑	♒ ○	♈	♉	♊ 17.16	04.57 ♌
16	♉	♋	♋	♍	♎ 22.27	♐	♑ ○	04.51 ♓	♈	♉	♋	♌
17	02.01 ♊	♋ 16.22	01.58 ♌	♍ 12.23	♏	♐ 17.14 ○	10.20 ♒	♓	11.32 ♉	03.31 ♊	♋ 22.58	08.17 ♍
18	♊	♌	♌	♎	♏ ○	♑	♒	♓ 17.34	♉	♊	♌	♍
19	04.45 ♋	♌ 15.48 ○	02.42 ♍	♎ 13.42 ○	02.22 ♐	♑	♒ 22.20	♈	♉ 21.59	11.44 ♋	♌ ◑	11.06 ♎ ◑
20	♋	♍	♍	♏	♐	03.02 ♒	♓	♈	♊	♋	02.56 ♍	♎
21	04.56 ♌ ○	♍ 15.18	02.29 ♎ ○	♏ 17.00	08.57 ♑	♒	♓	05.38 ♉	♊	♋ 17.30 ◑	♍	♎ 13.58
22	♌	♎	♎	♐	♑	♒ 15.03	11.03 ♈	♉	05.51 ♋ ◑	♌	05.21 ♎	♏
23	04.23 ♍	♎ 16.57	03.17 ♏	♐ 23.51	♑ 18.50	♓	♈	♉ 15.35 ◑	♋	♌ 20.31	♎	♏ 17.35
24	♍	♏	♏	♑	♒	♓	♈ 22.43	♊	10.20 ♌	♍	06.59 ♏	♐
25	05.04 ♎	♏ 22.21	07.07 ♐	♑	♒	03.39 ♈ ◑	♉ ◑	♊ 22.06	♌	♍ 21.21	♏	♐ 22.46
26	♎	♐ ◑	♐	10.28 ♒ ◑	07.09 ♓ ◑	♈	♉	♋	11.38 ♍	♎	09.12 ♐ ●	♑ ●
27	08.32 ♏ ◑	♐	♐ 15.09	♒	♓	♈ 14.33	07.30 ♊	♋	♍	♎ 21.30	♐	♑
28	♏	07.49 ♑	♑ ◑	♒ 23.13	♓ 19.33	♉	♊	00.55 ♌	11.04 ♎ ●	♏ ●	♐ 13.34	06.22 ♒
29	♏ 15.34		♑	♓	♈	♉ 22.10	♊ 12.32	♌	♎	♏ 23.00	♑	♒
30	♐		02.47 ♒	♓	♈	♊	♋	00.58 ♍ ●	10.43 ♏	♐	♑ 21.14	♒ 16.43
31	♐		♒		05.44 ♉		♋ 14.19	♍		♐		♓

6. Januar: Partielle Sonnenfinsternis 02.42 (♑); 21. Januar: Totale Mondfinsternis 06.12 (♌); 2. Juli: Totale Sonnenfinsternis 20.23 (♋); 16. Juli: Partielle Mondfinsternis 22.31 (♑); 26. Dezember: Ringförmige Sonnenfinsternis 06.18 (♑)

2020	Jan.	Febr.	März	April	Mai	Juni	Juli	August	Sept.	Okt.	Nov.	Dez.
1		01.29	20.22	◐					10.35	03.48 ○		
2	05.02	◐	◐	19.27	06.36	17.07	02.22	19.12	○		11.01	04.34
3	◐	12.30						○	21.23	16.14		
4	17.16		05.26	22.20	08.11	18.18	05.49				22.47	13.54
5		20.04				○	○	03.29				
6			10.29	22.17	08.06	20.45	11.09		09.45	05.04		20.47
7	03.12	23.46			○			14.06			08.19	
8			11.48	21.18 ○	08.16		19.14		22.29	16.47	◑	◑
9	09.44	○	○			01.55					14.31	01.02
10	○	00.40	11.04	21.36	10.40			02.29	◑	◑		
11	13.17					10.33	06.07	◑	09.24	01.26	17.11	03.00
12		00.38	10.29		16.40			14.47				
13	15.08			01.06		22.04 ◑	18.35 ◑		16.34	05.57	17.20	03.40
14		01.38	12.10	◑	◑							●
15	16.44	◑		08.38	02.26			00.37	19.38	06.55	16.48 ●	04.36
16		05.08	17.26 ◑			10.37	06.20			●		
17	19.22 ◑			19.31	14.37			06.40	19.57 ●	06.07	17.36	07.28
18		11.38				22.01	15.25					
19	23.42		02.17					09.21 ●	19.34	05.44	21.26	13.40
20		20.43		08.01	03.12		21.17 ●					
21			13.34			07.03 ●		10.17	20.33	07.45		23.33
22	06.01			20.37	14.37 ●						05.07 ◐	◐
23		07.38 ●		●		13.34	00.41	11.17		13.18 ◐		
24	14.22 ●		01.59 ●						00.17 ◐		16.06	11.57
25		19.48		08.21	00.10	18.06	02.55	13.50 ◐		22.19		
26			14.38						07.09			
27	00.45			18.29	07.34	21.18	05.13 ◐	18.38			04.44	00.34
28		08.31				◐			16.35	09.46		
29	12.52		02.39		12.41	23.49	08.26				17.17	11.29
30				02.07 ◐	◐			01.38		22.20	○	○
31			12.44		15.39		12.59			○		19.59

10. Januar: Halbschatten-Mondfinsternis 20.10 ( ); 5. Juni: Halbschatten-Mondfinsternis 20.25 ( ); 21. Juni: Ringförmige Sonnenfinsternis 07.40 ( ); 5. Juli: Halbschatten-Mondfinsternis 05.30 ( ); 30. November: Halbschatten-Mondfinsternis 10.43 ( ); 14. Dezember: Totale Sonnenfinsternis 17.14 ( )

Tierkreiszeichen und Zuordnungen

Info

Tierkreiszeichen	Element	Stimmungstendenz	Nährstoff	Körperregion, Organsystem
Widder	Feuer	Cholerisch	Eiweiß	Kopf, Gesicht, Sinnesorgane
Stier	Erde	Melancholisch	Salz	Kiefer, Hals, Nacken, Blutkreislauf
Zwillinge	Luft	Sanguinisch	Fett	Schultern, Arme, Hände, Drüsen
Krebs	Wasser	Phlegmatisch	Kohlenhydrat	Magen, Lunge, Galle, Leber, Nervensystem
Löwe	Feuer	Cholerisch	Eiweiß	Herz, Kreislauf, Blutdruck, Sinnesorgane
Jungfrau	Erde	Melancholisch	Salz	Stoffwechsel, Verdauung, Blutkreislauf
Waage	Luft	Sanguinisch	Fett	Hüfte, Nieren, Blase, Drüsen
Skorpion	Wasser	Phlegmatisch	Kohlenhydrat	Sexualorgane, Harnleiter, Nervensystem
Schütze	Feuer	Cholerisch	Eiweiß	Oberschenkel, Venen, Sinnesorgane
Steinbock	Erde	Melancholisch	Salz	Knie, Haut, Knochen, Blutkreislauf
Wassermann	Luft	Sanguinisch	Fett	Unterschenkel, Venen, Drüsen
Fische	Wasser	Phlegmatisch	Kohlenhydrat	Füße, Zehen, Nervensystem

Register

Impressum

Der Wilhelm Heyne Verlag ist ein Verlag der Verlagsgruppe Random House GmbH
www.heyne.de

Wichtiger Hinweis

Das vorliegende Buch ist sorgfältig erarbeitet worden. Dennoch erfolgen alle Angaben ohne Gewähr. Weder die Autorin noch der Verlag können für eventuelle Schäden, die aus den im Buch gegebenen Hinweisen resultieren, eine Haftung übernehmen.

Bildnachweis
Cover: K. Vey/jump; AKG, Berlin: 96 (akg-images), 8 (Erich Lessing); Corbis, Düsseldorf: 65 (Kay Blaschke/Stock 4B); F1 ONLINE, Frankfurt: 55 (Widmann); Getty Images, München: 16 (Cliff Leight), 30 (Mitchell Funk), 46 (Color Day Production); IFA-Bilderteam, München: 75 (Alexandre), 72 (Diaf), 60 (Heron J.); jump fotoagentur, Hamburg: 50 (L. Maatzen), 26, 87, 90 (K. Vey); photodisk: 78; Stock-Food, München: 79 (Maximilian Stock Ltd); Südwest Verlag München: 39 (M. Holz), 68 (N. Olonetzky), 35 (M. Urban), 19, 25, 82, 93 (K. Vey); The Bridgeman Art Library, Berlin: 10 (The Female Form with Astrological symbols, illustration from ›Culpeper's Complete Physician and Complete Herbal‹ published 1979 by Kneller, Sir Godfrey (1646–1723) (after) Private Collection/The Stapleton Collection/ The Bridgeman Art Library)

Redaktion
Christoph Taschner
Bildredaktion
Christa Jaeger
Layout, Satz, DTP
v|Büro – Jan-Dirk Hansen, München
Coverdesign
Lore Wildpanner, München
Druck und Verarbeitung
OAN, Zwenkau

Printed in Germany

Gedruckt auf chlor- und säurefreiem Papier

ISBN-10: 3-453-12084-1
ISBN-13: 978-3-453-12084-6

Mit Helga Föger uraltes Mondwissen wieder entdecken und im Alltag nutzen

Die Kenntnis der lunaren Rhythmen und ihrer Wirkungen auf die belebte und unbelebte Natur erlaubt uns – am besten mit Hilfe eines guten Mondkalenders – den richtigen Zeitpunkt für erfolgreiches Handeln in vielen Lebensbereichen zu finden – im Garten, im Haushalt, bei der Berufsarbeit, aber auch bei der Gesundheitsvorsorge und in manchen Herzensangelegenheiten.

Heyne Ludwig
ISBN 3-453-12024-8